Über dieses Buch

Der »kleine Unterschied«, dessen große Folgen offensichtlich sind, wird schon am ersten Tag im Leben einer (oder eines) Neugeborenen fabriziert. Zum ersten Mal in deutscher Sprache weist Ursula Scheus Buch zusammenhängend nach, daß Kinder (Mädchen und Jungen) schon unmittelbar nach der Geburt systematisch in eine Geschlechterrolle gedrängt und zu Wesen deformiert werden, die wir »weiblich« oder »männlich« nennen. Dieser Prozeß bedeutet für beide Geschlechter eine fatale Einengung, aber die Mädchen werden noch stärker als die Jungen in ihren potentiellen Fähigkeiten beschränkt, in ihrer Autonomie gebrochen und allseitig benachteiligt.

Mütterlichkeit, Emotionalität, soziales Interesse, Passivität sind nicht etwa ursprünglich »weibliche« Eigenschaften, sondern anerzogen. Wie dies durch direkte und indirekte Einflüsse in den ersten Tagen, Monaten und Jahren im Leben der Mädchen geschieht, zeigt dieser Text in allen Einzelheiten und an vielen konkreten Beispielen. Der »Drill zur Weiblichkeit« beginnt mit dem Stillen und setzt sich fort mit der Form der elterlichen Zuwendungen, dem Spielzeug, den Kinderbüchern, den Fernsehprogrammen und ähnlichen Einflüssen. Das Ergebnis: Frauen und Männer gehen unterschiedlich, fühlen unterschiedlich, arbeiten unterschiedlich. Ursula Scheu zeigt, daß dies nicht Ursache, sondern Folge geschlechtsspezifischer Erziehung und Lebensbedingungen ist.

Die Autorin

Ursula Scheu, geboren 1943 in Darmstadt, Diplom-Psychologin, Dr. phil., studierte Philosophie und Soziologie in Frankfurt und Psychologie an der Freien Universität Berlin. Von 1971 bis 1976 war sie wissenschaftliche Assistentin am Psychologischen Institut der FU, leitete dort ein Forschungsprojekt über psychologische Probleme der Berufstätigkeit von Frauen. Sie arbeitet aktiv im Berliner Frauenzentrum, ist Mitherausgeberin des Frauenkalenders und gehört zu der Frauengruppe, die im ersten Haus für geschlagene Frauen in Berlin arbeitet.

Ursula Scheu

Wir werden nicht als Mädchen geboren – wir werden dazu gemacht

Zur frühkindlichen Erziehung in unserer Gesellschaft

 Fischer
Taschenbuch
Verlag

Für Irmgard, 72, und
Andrea, 5 Jahre

150.–155. Tausend: September 1987

Originalausgabe
Veröffentlicht im Fischer Taschenbuch Verlag GmbH,
Frankfurt am Main, März 1977

© Fischer Taschenbuch Verlag GmbH, Frankfurt am Main, 1977
Umschlaggestaltung: Susanne Berner
Druck und Bindung: Clausen & Bosse, Leck
Printed in Germany
780-ISBN-3-596-21857-8

Inhalt

Vorwort 7

Einleitung 13

1. Die Arbeitsteilung zwischen Frauen und Männern.
   Kritik bürgerlicher und marxistischer Analysen 19

   Die Tätigkeit der Frauen im Bereich der Produktion und
   Reproduktion 19
   Der besondere Charakter der geschlechtsspezifischen
   Arbeitsteilung 21
   Die »natürliche« Arbeitsteilung sozialistischer Theoretiker 25
   Folgen des Biologismus sozialistischer Theoretiker 32

2. Die marxistische Persönlichkeits- und Entwicklungstheorie 37

   Definition der Persönlichkeit 39
   Persönlichkeits-Entwicklung nach dem Aneignungskonzept 41
      Entwicklungs»phasen« der Persönlichkeit 44
      Zum Problem des Aneignungskonzepts 45

3. Die Entwicklung der geschlechtsspezifischen
   Persönlichkeit 49

   Neugeborenenperiode –
   Bedeutung sensorischer Stimulation 51
   Säuglingsalter –
   erste geschlechtsspezifische Ergebnisse 58
   Exkurs: Biologische und soziale Mutterschaft 70
   Kleinkindalter –
   Spielinteressen und Elternerwartungen 73
   Vorschulalter –
   Bedeutung geschlechtsspezifischer Spiele 81

4. Geschlechtsrollenmodelle 97

   Medien 97
   Bilderbücher 97
   Fernsehen: Am Beispiel Sesamstraße 104

5. Geschlechtsrollenstereotype und Geschlechtsidentifikation 107

6. Zusammenfassung 113

Anmerkungen 127

Literaturverzeichnis und Frauenbücher 133

Vorwort

Wir werden nicht als Mädchen (oder Junge) geboren – wir werden dazu gemacht! Was heißt das? Es heißt, daß Kinder vom ersten Tag an systematisch in eine Geschlechterrolle gedrängt und zu Wesen deformiert werden, die wir »weiblich« oder »männlich« nennen. Dieser Prozeß engt beide ein. Das Mädchen aber wird noch stärker als der Junge in seinen potentiellen Fähigkeiten beschränkt, in seiner Autonomie gebrochen und real benachteiligt. Deshalb beschäftigt sich dieses Buch in erster Linie mit Mädchen – mit Jungen nur insoweit, als der Vergleich von Mädchen- und Jungenerziehung wesentlich für das Verständnis des »Drills zur Weiblichkeit« ist.

Die für ursprünglich gehaltenen weiblichen Eigenschaften wie Mütterlichkeit, Emotionalität, soziales Interesse und Passivität sind nicht etwa natürlich weiblich und angeboren, sondern kulturell anerzogen. Wie das durch direkte und indirekte Einflüsse in den ersten Lebenstagen, -monaten und -jahren geschieht, kann heute mit wissenschaftlicher Präzision in jeder Stufe der Entwicklung aufgezeigt werden.

Es beginnt mit dem Stillen und setzt sich fort beim Spielzeug und bei der Fernseh-Kinderstunde – einfach alles läuft auf das Fabrizieren des ›kleinen Unterschiedes‹ hinaus!

Das Resultat: Frauen und Männer gehen unterschiedlich, sprechen unterschiedlich, fühlen unterschiedlich, arbeiten unterschiedlich. Nur ist dies nicht Ursache, sondern Folge geschlechtsspezifischer Erziehung und Lebensbedingungen.

Um zu verdeutlichen, was ich meine, will ich ein Beispiel geben: Money und Erhardt[1], zwei amerikanische Sexualwissenschaftler, berichten in ihrem Buch »Männlich – Weiblich« die Lebensgeschichte eineiiger männlicher Zwillinge; dem einen wurde versehentlich bei der »Beschneidung« der Penis abgebrannt. Die Ärzte rieten daraufhin den Eltern, den Jungen ohne Penis als »Mädchen« zu erziehen. Mit 17 Monaten wird »sie« erstmals in Mädchenkleider gesteckt, umfrisiert und umbenannt. Vier Monate später erfolgt die erste chirurgische Korrektur zur Umwandlung der Genitalien. Die Ärzte kündigen gleichzeitig den noch ratlosen Eltern das Anlegen einer künstlichen Scheide in der Pubertät und für später die »Verweiblichung« des Körpers durch eine Östrogentherapie an.

Nun beginnt die Mutter, das kleine Wesen entschlossen als Mädchen zu erziehen. Money: »Als wir sie ein Jahr später sahen, mochte sie Kleider eindeutig lieber als Hosen und war stolz auf ihr langes Haar. Wer Wert darauf legt, hübsch angezogen zu sein, muß auch Wert auf Ordentlichkeit legen. Als die Patientin viereinhalb Jahre alt war, berichtet die Mutter, die Tochter sei viel ordentlicher als der Sohn und wolle sich, im Gegensatz zu diesem, nicht schmutzig machen[2]. Das Mädchen wird immer ordentlicher.

»Als sie im Alter von zwei Jahren, wie viele Mädchen, versuchte, aus dem Stand zu urinieren, machte die Mutter ihr klar, wie kleine Mädchen auf die Toilette gehen«[3]. Wie Mädchen dieses machen, wie Mädchen jenes machen . . ., alles wird dem kleinen Wesen »klargemacht«. Es fängt bald an, die Mutter zu imitieren, läßt sich vom Brüderchen auf den Po klapsen und hilft wacker in der Küche. Fällt sie manchmal noch aus der Rolle, wird ihr beigebracht, nicht so wild zu sein. Ergebnis: ein »richtiges« Mädchen.

An diesem Beispiel sehen wir, wie gering die Rolle der Biologie ist. Menschen sind soziale Wesen, ihre Biologie ist heute vor allem Vorwand zur Zuweisung einer Geschlechtsidentität. Biologisch weibliche Menschen werden zu Frauen erzogen, biologisch männliche zu Männern. Zumindest in unserer Gesellschaft, d. h. im Patriarchat. Im Matriarchat (darauf gehe ich im folgenden ausführlicher ein) hingegen nahmen Frauen sich das, was bei uns als »männliche« Rolle gilt und teilten Männern die »weibliche« Rolle zu: Da waren Männer passiv, emotional, kokett und verantwortlich für Haus und Kind. Frauen waren aktiv, aggressiv und verantwortlich für die Kriegsführung. Das, was wir heute für die »männliche« Rolle halten, ist die Rolle des herrschenden Geschlechts, das, was wir für die »weibliche« Rolle halten, ist die des unterdrückten Geschlechts.

Wie nun diese Geschlechtsidentität aufgezwungen wird, zeige ich Schritt für Schritt auf. Es beginnt im Mutterleib. Strampelt der Fötus besonders lebhaft, heißt es schon: »Das wird ein Junge«. Weiter geht es mit dem Stillen; Mütter stillen weibliche Babies anders als männliche: kleine Mädchen müssen schneller trinken und werden im Schnitt drei Monate früher entwöhnt. Schon hier akzeptiert die Mutter unbewußt die Autorität und Autonomie des kleinen Mannes, läßt ihm seinen natürlichen Trinkrhythmus – während sie diesen Rhythmus beim Mädchen unterbricht, weniger bereit ist, auf es einzugehen, es einem fremden Willen unterwirft.

Das scheint abenteuerlich, ist aber wissenschaftlich überprüfte

Realität, und es geht weiter mit unbewußten und bewußten Beeinflussungen, die alle auf ein und dasselbe hinauslaufen: die in den jeweiligen Phasen wesentlichen Einflüsse für die Entwicklung des Kindes werden Jungen ausreichender zuteil als Mädchen. Mädchen werden in allen wichtigen Bereichen schwer vernachlässigt, weniger gefördert und wenn, dann immer nur gezielt auf ihre spätere »Weiblichkeit« hin. Das hinterläßt schwere Schäden und Deformationen. Denn ein Kind entwickelt sich nicht von selbst, »aus sich heraus«, sondern ist angewiesen auf Förderung und Anregung – sonst verkümmert es (was Beispiele wie die der »Wolfskinder« oder »Kaspar Hauser« deutlich machen).

So sind in der Neugeborenenperiode Hautkontakte, Berührungen und Bewegungen besonders wichtig, Mädchen aber werden in dieser Zeit weniger berührt, weniger gestreichelt und auf den Arm genommen als Jungen. Auch die Muskelaktivität des männlichen Neugeborenen wird stärker gefördert – schon in diesen ersten Lebenswochen wird damit der Grundstein für die spätere körperliche Unterlegenheit von Frauen gelegt.

In den folgenden Monaten werden Mädchen und Jungen durch unterschiedliche optische und akustische Stimulationen systematisch auf unterschiedliche Interessen hingelenkt: mit dem prompten Resultat, daß kleine Mädchen schon im sechsten Lebensmonat länger auf Bilder mit Menschen schauen und Jungen länger auf solche mit Objekten. Das ist nicht etwa angeboren, sondern bereits jetzt anerzogen.

Das meiste geschieht dabei wahrscheinlich unbewußt. Mütter und Väter reproduzieren hier ihre eigenen Rollenzwänge und erweisen dem kleinen Jungen schon die Reverenz des stärkeren Geschlechts, dem Mädchen die Verachtung des schwächeren. Eltern und Erzieher(innen) werden bei der Lektüre dieses Buches überrascht sein. Selbst die, die sich für progressiv halten und bisher geglaubt haben, sie erzögen ihre Kinder »gleich«, werden entsetzt sein, zu sehen, in welchem Ausmaß sie selbst Instrument der Erziehung zur männlichen Macht und weiblichen Ohnmacht sind.

Amerikanische Untersuchungen (deutsche existieren dazu noch nicht) zeigen interessanterweise, daß Väter – im Gegensatz zu dem, was bisher immer angenommen wurde – in bezug auf die Erziehung zur Geschlechtsrolle noch konservativer sind als Mütter. Sie bestehen auf der Erziehung zum »richtigen Mädchen« und »richtigen Jungen«. Nichts scheint ihnen verhaßter, als ein »weibischer« Junge – eher wird einem Mädchen schon mal »Jungenhaftigkeit« verziehen. Wie es überhaupt aufschlußreich ist, daß sich Mädchen schon mal einen besuchsweisen Aufstieg, d. h.

»männliche« Verhaltensweisen erlauben dürfen; Jungen sich aber nie einen Abstieg, also »weibliche« Verhaltensweisen.

Denn die männliche Rolle ist die Norm, die weibliche wird immer nur in Relation zu ihr gemessen. Sie ist also nicht nur »anders als die männliche, aber gleichwertig«, sondern real minderwertig! Erziehung zur Weiblichkeit bedeutet Erziehung zur Unterwerfung, zur männlich/weiblichen Arbeitsteilung, zum draußen/drinnen, zum rational/emotional, zum kreativ/unkreativ.

Ich beschränke mich in diesem Buch darauf, die äußeren Zwänge aufzuzeigen und habe den Prozeß der Verinnerlichung dieses Geschlechtsrollenzwangs ausgeklammert – er hätte den Rahmen der Arbeit gesprengt. Es wäre in der Folge allerdings notwendig, die Wechselwirkung zwischen verinnerlichter weiblicher Unterwerfung und verinnerlichter männlicher Herrschaft umfassend zu analysieren.

Bezeichnend ist, daß schon in den allerersten Lebensjahren alle besonderen »weiblichen« Fähigkeiten – d. h. die, die bei Mädchen gefördert werden – direkt der Arbeitsentlastung der Erwachsenen dienen. So sind Mädchen früher sauber, kleiden sich früher selbständig an, werden schon im Vorschulalter zum Bedienen von Vätern und Brüdern angehalten. Die Mädchenarbeit hat sehr viel größere Ausmaße, als bisher angenommen wurde. Schon allein dieses Thema wäre eine gründliche Untersuchung wert.

So ist es denn auch nicht verwunderlich, daß kleine Mädchen häufig lieber Jungen wären, daß die Annahme der weiblichen Geschlechtsrolle generell nicht ohne Widerstand geschieht, besitzt sie doch im Gegensatz zur männlichen keine positive Anziehungskraft. Die Annahme einer Rolle (einer Realität), die Demütigung, Unterdrückung und Ausbeutung beinhaltet, kann nur erzwungen werden.

Die systematische Ausbeutung der »Weiblichkeit« gipfelt darin, daß Frauen in der BRD z. B. zwei Drittel der gesamtgesellschaftlich notwendigen Arbeit leisten (ein Drittel der Lohnarbeit und fast die gesamte nicht entlohnte Arbeit im Haushalt und in der Kindererziehung). Und sie arbeiten nicht nur mehr, sondern auch unter schlechteren Bedingungen. Die spezifisch »weiblichen Fähigkeiten« prädestinieren sie zum Ertragen von Monotonie (Küche und Fließband) zum Dienen (Ehefrau und Sekretärin) zur Aufopferung (Mutter und Krankenschwester). Hier schließt sich der Kreis: Wir sehen, daß die Erziehung zur Weiblichkeit kein Zufall ist, sondern zur größeren Unterdrückung und Ausbeutung der Frauen in einer Männergesellschaft dient.

Die männerbestimmte Psychologie – bürgerliche wie sozialistische – kann darum kein Interesse an einer konsequenten Analyse der frühkindlichen Geschlechtererziehung haben. Ich selbst gehöre in Berlin zu einer Gruppe von Psychologinnen, die durch eigene Erfahrungen und durch Arbeit in der Frauenbewegung zunehmend sensibilisiert werden und sich immer mehr Fragen stellen. Und obwohl es in der Psychologie all das Material schon gibt, das ich nachfolgend ausgewertet habe, ist dies die erste umfassende Untersuchung über Benachteiligung von Mädchen in den ersten Lebensjahren.

Bisher hat sich auch die sich als »fortschrittlich« und »sozialistisch« verstehende Psychologie damit begnügt, die bereits vorhandenen Unterschiede nach den ersten Lebensmonaten festzustellen. Diese Unterschiede werden dann kurzerhand als Ursache von »Weiblichkeit« und »Männlichkeit« deklariert – statt sie als Folge geschlechtsspezifischer Erziehung und Beeinflussung zu begreifen. Dabei: Wenn wir davon überzeugt sind, daß Menschen soziale Wesen sind, d. h. Produkte der Umwelteinflüsse und Lebensverhältnisse, dann müssen wir auch die Unterstellung von der »natürlichen« Weiblichkeit und Männlichkeit konsequent hinterfragen. Und Konsequenz bedeutet in diesem Fall: Wir müssen bis an die Wiege zurückgehen, um zu untersuchen, was angeboren und was anerzogen ist.

Der konkreten Analyse der verschiedenen Lebensphasen und unterschiedlichen Beeinflussungen von Mädchen und Jungen stelle ich eine Erklärung meiner Arbeitsmethode und eine Kritik bisheriger marxistischer Theorie und Praxis der Frauenbefreiung voran. Ich habe jahrelang an einem marxistisch orientierten Institut der Freien Universität als Assistentin gelehrt und geforscht. Die Auseinandersetzung mit Marxisten, die behaupten, in dieser Frage bereits die Lösung gefunden zu haben, und die mit der Parole vom »Hauptwiderspruch« (Klassenwiderspruch) und »Nebenwiderspruch« (Geschlechterwiderspruch) eine radikale Analyse des Geschlechterwiderspruchs zu verhindern suchen, ist mir deshalb vertraut. Leserinnen und Lesern, denen diese Problematik nicht vertraut ist, empfehle ich, direkt mit der »Entwicklung der geschlechtsspezifischen Persönlichkeit« zu beginnen und den vorangestellten theoretischen Teil abschließend zu lesen.

Ich hoffe, daß sich aus diesem Buch Konsequenzen theoretischer und praktischer Art ergeben: zwingende Schritte hier und heute für Erzieher(innen) und Wissenschaftler(innen), die nicht länger die Augen verschließen können, vor den Verbrechen, die an Mädchen im Namen der »Weiblichkeit« begangen werden.

Berlin, Januar 1977   Ursula Scheu

Einleitung

Die heute bestehenden Unterschiede zwischen Frauen und Männern – psychisch und physiologisch – sind rein gesellschaftlich bedingt (ausgenommen einzig die direkt mit der Gebär- und Zeugungsfunktion verbundenen biologischen Unterschiede, d.h. der anatomische Unterschied in den Geschlechtsorganen, sowie hormonaler und chromosomaler Unterschied). Alles, was daraus abgeleitet wurde, ist Resultat der geschlechtsspezifischen Arbeitsteilung, der Herrschaft der Männer über die Frauen in unserer Gesellschaft. Diese geschlechtsspezifischen gesellschaftlichen Verhältnisse werden im Prozeß der geschlechtsspezifischen Sozialisation reproduziert. Wie das genau geschieht, über welche Mechanismen und mit welchen konkreten Zielen, untersuche ich in dieser Arbeit.

Sogenannte »weibliche« und »männliche« Wesen dienen noch immer als Legitimation für das Fortbestehen der Herrschaft der Männer über die Frauen und als Vorwand für die Zuweisung geschlechtsspezifischer Arbeit. D. h. für die Alleinverantwortung der Frauen im Bezug auf die Arbeit im Reproduktionsbereich und Begrenzung auf »frauenspezifische« Arbeit (schlecht bezahlte, spezifisch »weibliche« Tätigkeiten, am untersten Ende der Hierarchie) im gesellschaftlichen Produktionsbereich. Auf der anderen Seite dienen sie als Vorwand für die Befreiung der Männer von der Arbeit im Reproduktionsbereich und die völlige Integration in den Produktionsprozeß (besser bezahlt und höher in der Hierarchie als Frauen).

Frauen seien emotionaler und sozialer, heißt es, und das befähige sie hervorragend zur Aufzucht von Kindern und zu Dienstleistungen für Männer und Kinder, im Reproduktions- wie im Produktionsbereich. Das stimmt. Doch sie sind nicht so geboren, sondern so gemacht worden. Frauen gelten als passiv und weniger rational, und das in einer Gesellschaft, in der Aktivität mehr wiegt als Passivität, Ratio mehr als Emotionen. Real bedeutet das, daß sie von den Rationaleren, Aktiveren (den Männern) geführt und verwaltet werden. Frauen gelten als unselbständig und wenig kreativ und scheinen daher besonders geeignet für repetitive, monotone Tätigkeiten im Reproduktions- wie im Produktionsbereich.

Frauen haben heute als Resultat dieser geschlechtsspezifischen

Arbeitsteilung eine geringere Körperkraft und -gewandtheit, was wiederum Vorwand für die geschlechtsspezifische Arbeitsteilung ist (selbst da, wo heute für bestimmte Berufe, aufgrund von Mechanisierung, gar keine Kraft mehr nötig ist). Frauen gelten als unentschlossen und führungsschwach, das verschließt ihnen Führungs- und Entscheidungspositionen. Diese Liste ließe sich endlos fortsetzen und weist schon jetzt darauf hin, daß »weibliche« Eigenschaften und Fähigkeiten nicht nur andersartig sind, sondern nach gültigen Normen auch minderwertig.

Was nun ist an diesen Eigenschaften angeboren »weiblich«? In der empirischen Psychologie wurden die meisten dieser Eigenschaften – z. B.: geringere Aggressivität, weniger Interesse an technischen Dingen, passiver, weniger selbständig, weniger kreativ, weniger ehrgeizig usw. – als gesellschaftlich verursacht nachgewiesen; es wurde aufgezeigt, mit welchen Mechanismen diese Eigenschaften im Sozialisationsprozeß produziert werden[1]. Auffallend ist dabei allerdings, daß die meisten Lebensbereiche erfaßt werden (z. B. wie kleine Mädchen auf größere Fingerfertigkeit und Geschicklichkeit gedrillt usw. werden, die dann in Haushalt und Beruf eingesetzt und ausgebeutet wird), daß jedoch ein Bereich total ausgeklammert bleibt: die Sexualität. Wir wissen zwar, daß Frauen und Männer sich auch hier unterschiedlich verhalten, nehmen das aber immer noch als »natürlich« hin. Dabei findet gerade hier die geschlechtsspezifische Sozialisation, finden weibliche Passivität und Unterwerfung und männliche Aktivität und Beherrschung ihren unmittelbarsten Ausdruck. Die Wissenschaft fragt nicht, wie geschlechtsspezifisches Verhalten in der Sexualität geformt wird und suggeriert dadurch, das heutige sexuelle Verhalten sei das natürliche Verhalten.

Obwohl also die empirische Psychologie viele Eigenschaften als gesellschaftlich verursacht nachgewiesen hat, blieb doch bisher der Kern dessen, was das »weibliche« und das »männliche« Wesen ausmachen soll, unangetastet: die größere Emotionalität der Frauen, ihr sozialeres Verhalten und größeres Interesse an Personen und ihre geringere Körperkraft. Diese »natürlichen« Unterschiede sind es, welche die entscheidenden Konsequenzen beinhalten, d. h. als Legitimation für die Zuweisung von Kinderaufzucht, Hausarbeit und »typischer Frauenarbeit« an die Frauen gelten.

Auffallend ist, daß gerade diese spezifisch »weiblichen« Eigenschaften und Fähigkeiten niemals radikal nach gesellschaftlicher Verursachung hinterfragt wurden. Sicher, es ist eine Tatsache, daß erste »Anzeichen« dieser später so massiven Differenz bereits in den ersten Lebensmonaten zu registrieren sind. Die empirische

Psychologie ist zur Untersuchung der Geschlechtsunterschiede in den letzten Jahren bis in das frühe Kleinkinderalter zurückgegangen, und hat die meisten der Unterschiede als gesellschaftlich verursacht nachgewiesen. Das sieht so aus, als sei es ein wesentlicher Fortschritt gegenüber früheren Untersuchungen. Doch der Schein trügt. Gerade die Untersuchungen in immer früheren Lebensphasen tragen zur Verschleierung der Ursachen der Geschlechtsunterschiede bei, da die Psychologie aufgrund der daraus gewonnenen Ergebnisse behauptet, nun alles erfaßt zu haben und vorgibt: es bleibt doch ein Unterschied[2]. Und aus diesem Unterschied werden die besonderen geschlechtsspezifischen Merkmale abgeleitet.

Dieser so früh festgestellte Unterschied läßt sich aber auch anders interpretieren. Die Forschung, die hier nach den Ursachen sucht, muß noch weiter zurück gehen um zu prüfen, was nun wirklich angeboren, was gesellschaftlich bedingt ist. Dies aber ist bis heute nur gelegentlich und keineswegs systematisch geschehen. Noch immer werden Folgen und Ursachen verwechselt, werden die Folgen geschlechtsspezifischer Erziehung als Ursache für diese Erziehung ausgegeben. Denn bürgerliche wie sozialistische Psychologie setzt mit ihren empirischen Studien zu diesem Problem nicht bei der Geburt, sondern erst Wochen und Monate später ein. Also zu einem Zeitpunkt, an dem mit dem Kind schon einiges geschehen ist. So wird häufig das, was diese Studien nach den ersten Lebenswochen als Geschlechtsunterschiede erfassen, als angeboren, statt als anerzogen interpretiert. Darum muß der Hauptschwerpunkt einer Arbeit, die nach dem Entstehen der Geschlechtsunterschiede forscht, auf den allerersten Lebenswochen und -monaten der Mädchen und Jungen liegen. Das ist der zentrale Punkt meines Buches. Denn gerade die Unkenntnis dessen, was in diesem Zeitabschnitt geschieht, ermöglicht weiterhin die Verbreitung der Ideologie vom »natürlichen« Unterschied zwischen Frauen und Männern. Und dies dient dann wiederum der Aufrechterhaltung der geschlechtsspezifischen Arbeitsteilung und somit der Herrschaft des Mannes über die Frau.

Bisher blieben selbst die wenigen Forschungen im Bereich der frühkindlichen Konditionierung, d. h. die Sozialisationsforschung von Geburt an (also Neugeborenenperiode, Säuglingsalter) nahezu unberücksichtigt. Eine Ungeheuerlichkeit, wenn nachgewiesen werden kann, daß vor allem hier die Weichen für die Differenzierungen in »weiblich« und »männlich« gestellt werden. »Man kommt nicht als Frau zur Welt, sondern wird dazu gemacht«[3], schrieb Simone de Beauvoir vor 25 Jahren in »Das andere

Geschlecht«. Heute gibt die Forschung zunehmend Aufschluß darüber, wie vom ersten Tag der Geburt an Kinder Stunde für Stunde, Tag für Tag zu kleinen Mädchen und Jungen deformiert werden (mit allerdings unterschiedlichen Konsequenzen für Mädchen und Jungen). Wie ihre Fähigkeiten und Interessen und Eigenschaften je nach Geschlecht gefördert oder gebremst, verlangt oder gebrochen werden. Das setzt sich fort im Kleinkind- und Vorschulalter, in der Schule und im Erwachsenenleben.

Das heißt: die Annahme der Geschlechtsrolle ist kein einmaliger Akt. Sie ist zwar bis zu einem bestimmten Zeitpunkt relativ abgeschlossen, wird jedoch in jeder Lebensphase und -situation verfestigt und neu erzwungen.

Solange wir dies nicht umfassend dargestellt und radikal analysiert haben, werden wir selbst immer wieder Opfer der Ideologie (und ihrer Konsequenzen) vom geschlechtsspezifischen Unterschied sein, die die Unterdrückung des »schwächeren« durch das »stärkere« Geschlecht rechtfertigt.

In einer Situation, in der die herrschende Psychologie auch ein Instrument der Herrschenden (des Kapitals, wie des Patriarchats) ist und zur Verschleierung von Machtstrukturen benutzt wird, müssen wir auch ihre Aussage über Geschlechtsunterschiede radikal hinterfragen. Denn ihre Funktion ist heute nur allzu oft: die Abschwächung allzu evidenter Rollenzuweisung durch die Einführung subtilerer Kategorien. Gerade auch in der frühkindlichen Phase werden in bezug auf den geschlechtsspezifischen Aspekt so immer wieder Ursache und Folge verwechselt, werden die Folgen geschlechtsspezifischer Deformierung als Ursache geschlechtsspezifischer Arbeitsteilung und Herrschaft deklariert.

Dieses Buch beschäftigt sich vor allem mit der Entstehung der geschlechtsspezifischen Eigenschaften und Fähigkeiten und den Mechanismen ihrer Entstehung in den ersten Lebenswochen und -monaten. Insgesamt reicht die von mir untersuchte Phase von der Geburt bis zum fünften bzw. sechsten Lebensjahr, also bis zum Beginn der schulischen Sozialisation. In einer chronologischen Darstellung der wesentlichen Einflüsse, denen kleine Mädchen und Jungen ausgesetzt sind, zeige ich, über welche Mechanismen die zentralen Unterschiede produziert, erweitert und vertieft werden.

Problematisch ist, daß für bestimmte Altersabschnitte nur wenig empirisches Material vorhanden ist. Dies betrifft vor allem den Zeitabschnitt zwischen dem ersten und dem dritten Lebensjahr. Eine mögliche Erklärung dafür ist, daß während des ersten Lebensjahres die Säuglinge auf institutioneller, z. B. medizinischer Ebene erfaßt werden, sie mit Beginn des zweiten Lebensjahres in quasi absolute »Privatheit« zurückfallen und dann erst wieder zu Beginn des Vorschulalters erfaßt, d. h. gesellschaftlich bedeutsam werden. Dazwischen lebt das Kind fast ausschließlich im familiären Bereich.

Weitere Probleme ergeben sich dadurch, daß die meisten Untersuchungen nicht in der BRD durchgeführt wurden, sondern in der DDR, in Italien, den USA, Frankreich, Schweden usw. Einige wesentliche Daten stammen aus Untersuchungen, die primär andere Untersuchungsinteressen verfolgten, sind also eher »Abfalldaten«. Doch sind diese Ergebnisse so deutlich, daß sie mehr als nur Hinweise für mögliche Erklärungen bieten. Aber sicher bedarf es in vielen Punkten weiterer exakter Forschung und Überprüfung der bestehenden Ergebnisse.

Als Instrumentarium zur Analyse und Systematisierung der verschiedenen Materialien dient mir das Entwicklungskonzept der sozialistischen Persönlichkeitstheorie. Ich werde dieses Konzept ausführlich darstellen, weil es bisher eines der wenigen ist, das die spezifische menschliche Entwicklung als abhängig von den gesellschaftlichen Verhältnissen zu erklären versucht. (Eine ausführliche Begründung folgt an der entsprechenden Stelle.) Allerdings ignoriert das Modell bisher das Problem der spezifisch gesellschaftlichen Verhältnisse der Geschlechter. Welche Gründe das hat, werde ich später aufzeigen. Dieser Erklärungsansatz ermöglicht es jedoch, die Bedeutung der spezifischen Verhältnisse zwischen den Geschlechtern als Ursache für die spezifische »weibliche« oder »männliche« Persönlichkeitsentwicklung zu erfassen.

Dem zentralen Gegenstand meiner Arbeit setze ich die theoretische Begründung meines Ansatzes voran, d. h. die theoretische Ableitung der konkreten Unterschiede von den konkret historischen Verhältnissen zwischen den Geschlechtern, von der konkreten Form der Arbeitsteilung zwischen Frauen und Männern in unserer Gesellschaft und der konkreten Form der Herrschaft der Männer über die Frauen.

Dies geschieht in einer kritischen Auseinandersetzung mit den spezifischen Mängeln und Fehlern des klassischen sozialistischen Ansatzes zur Frauenfrage. Und zwar anhand neuerer Forschungsergebnisse verschiedener wissenschaftlicher Disziplinen, wie Anthropologie, Ethnologie, Archäologie, Geschichtswissenschaft. Ich unternehme den Versuch eines neueren, streng materialistischen Ansatzes zur Begründung der Stellung der Geschlechter.

Die neueren sozialistischen Theoretiker, die sich mit der Frauenfrage befassen, rezipieren die klassischen Analysen dogmatisch und überprüfen nicht, was heute prüfbar ist. Darum finden die entscheidenden Fehler der Klassiker sich in einer falschen Strategie für die Befreiung der Frauen wieder.

Ein Mangel dieser Arbeit ist schon jetzt klar: Eine Strategie zur Frauenbefreiung muß natürlich die Gesamtheit der gesellschaftlichen Verhältnisse umfassen, die die Stellung der Frauen determinieren. Das heißt, sie muß die geschlechts- und ebenso die klassenspezifischen Verhältnisse erfassen, muß versuchen, die Relation dieser beiden Momente für die Unterdrückung der Frauen in ihrer konkreten Ausprägung zu bestimmen. Dies ist jedoch bei dem heutigen Wissens- und Forschungsstand schlichtweg unmöglich. Es gibt zwar mehrere Ansätze, die den klassenspezifischen Aspekt analysieren[4] und dessen Reproduktion im Sozialisationsprozeß. Doch wurde bisher der geschlechtsspezifische Aspekt völlig vernachlässigt. Diese einseitige Analyse hat zu voreiligen und falschen, weil reduzierten Einschätzungen und Strategien geführt. Es ist klar, daß sich die spezifische Ausbeutung und Unterdrückung der Frauen niemals ausreichend über eine Analyse ihrer klassenspezifischen Unterdrückung erfassen läßt. Ebensowenig können jedoch die beiden Momente einfach addiert werden. Vielmehr muß deren spezifische Relation und Interaktion in unserer Gesellschaft erfaßt werden.

Frauen sind heute über alle Klassen hinweg spezifischen Ausbeutungs- und Herrschaftsverhältnissen unterworfen. Ich klammere in meiner Arbeit den klassenspezifischen Aspekt an sich aus, wissend, daß dies eigentlich nicht möglich ist, da er mit dem geschlechtsspezifischen Aspekt verknüpft ist. Die Art dieser Verknüpfung näher zu erfassen, ist erst möglich, wenn es neben einer existierenden klassenspezifischen Analyse auch eine Analyse der geschlechtsspezifischen gesellschaftlichen Verhältnisse gäbe. Meine Arbeit soll ein Schritt auf dem Weg dahin sein.

1. Die Arbeitsteilung zwischen Frauen und Männern.
Kritik bürgerlicher und marxistischer Analysen

Die Tätigkeit der Frauen im Bereich der Produktion und der Reproduktion

»Zu keiner Zeit wurden Frauen so ausgebeutet wie im Spätkapitalismus«, resümiert die französische Soziologin und Feministin Andrée Michel ihre empirischen Untersuchungen.[1] In der BRD beträgt die Zahl der gratis geleisteten Arbeitsstunden der Frauen in Hausarbeit und privater Kindererziehung jährlich 45–50 Milliarden, die Zahl der Lohnarbeitsstunden jährlich 52 Milliarden.[2] Die Gratisarbeit im Reproduktionsbereich wird fast ausschließlich von Frauen geleistet, die Lohnarbeit im Produktionsbereich zu einem Drittel. Das heißt, schreibt Alice Schwarzer, »daß Frauen zwei Drittel der gesamtgesellschaftlich geleisteten Arbeit machen, Männer ein Drittel«[3]. Trotzdem haben Frauen in unserer Gesellschaft eine minderwertigere Stellung als Männer. Daran kann auch die Tatsache, daß Frauen seit fast hundert Jahren dieses Drittel der gesellschaftlich anerkannten Arbeit im Produktionsbereich leisten, nichts ändern. Denn Frauenerwerbstätigkeit bedeutet nicht das gleiche wie Männererwerbstätigkeit. Erstens werden erwerbstätige Frauen nicht von der Hausarbeit und Kindererziehung freigestellt, sondern leisten sie zusätzlich. Zweitens sind auch fast alle den Frauen im Produktionsbereich zugestandenen Arbeiten spezifisch »weibliche« Arbeiten. Das heißt nicht nur, daß sie am schlechtesten bezahlt werden und am unteren Ende der Hierarchie stehen, sondern auch, daß die typischen »Frauen-Tätigkeiten«, in denen die weit überwiegende Mehrheit der erwerbstätigen Frauen beschäftigt sind, gezielt anerzogene weibliche Qualifikationen ausbeuten (Krankenschwestern, Sekretärinnen, Verkäuferinnen, Fließbandarbeiterinnen, Lehrerinnen). Erwerbstätigkeit bedeutet also heute für Frauen: volle Verantwortung für den Bereich der privaten Reproduktion und zusätzlich Verrichtung »weiblicher« Tätigkeiten im Bereich der gesellschaftlichen Produktion!
Bisher führte die breite Erwerbstätigkeit der Frau keineswegs – wie Engels und andere sozialistischen Theoretiker meinen – zu einer Vergesellschaftung des Reproduktionsbereiches (»Die Be-

freiung der Frau wird erst möglich, sobald diese auf großem gesellschaftlichen Maßstab an der Produktion sich beteiligen kann, und sie häusliche Arbeit nur noch in unbedeutendem Maß in Anspruch nimmt. Und dies ist erst möglich geworden durch die moderne Großindustrie, die nicht nur Frauenarbeit auf großer Stufenleiter zuläßt, sondern förmlich nach ihr verlangt, und die auch die private Hausarbeit mehr und mehr in eine öffentliche Industrie aufzulösen strebt«[4]).

Erwerbstätigkeit ist notwendig für eine relative Unabhängigkeit der Frau vom Mann und damit eine unerläßliche Voraussetzung zu ihrer Befreiung[5]. Doch bedeutet dies nicht – wie noch Clara Zetkin meinte – einen schlichten Schauplatzwechsel: »Aus einer Sklavin des Mannes ward die des Arbeitgebers: Sie hatte nur den Herrn gewechselt«[6].

Durch die Erwerbstätigkeit wird die Frau noch zusätzlich vom Arbeitgeber ausgebeutet, bleibt jedoch gleichzeitig Sklavin des Ehemannes, statt eines Herrn hat sie nun zwei.

So führt also die Teilnahme der Frauen am gesellschaftlichen Produktionsprozeß keineswegs automatisch zur Aufhebung ihrer minderwertigen Stellung. Auch dann nicht, wenn ihre Teilnahme zu einer teilweisen Vergesellschaftung der Haushaltsfunktion und der Kinderaufzucht führt, wie es in einigen sozialistischen Ländern und partiell auch in kapitalistischen Ländern der Fall ist (wo diese Funktion dann nicht mehr private, sondern kollektive Aufgabe der Frauen ist).

Denn:

1. Solange die nicht vergesellschaftete Hausarbeit und Kinderaufzucht von den Frauen als Hauptverantwortlichen getragen wird, kann von gleicher Stellung der Geschlechter nicht die Rede sein.

2. Solange eine Vergesellschaftung von Haus- und Erziehungsarbeiten nur die Verlagerung geschlechtsspezifischer Tätigkeiten der Frauen vom Reproduktions- in den Produktionsbereich bedeutet, bleibt eine geschlechtsspezifische Arbeitsteilung bestehen.

3. Solange die geschlechtsspezifische Arbeitsteilung und damit die Herrschaft der Männer über die Frauen bestehen bleibt, kann es keine vollständig gleiche Stellung geben. Solange werden auch im Sozialisationsprozeß immer wieder aus Kindern »Frauen« und »Männer« gemacht und die bestehenden Herrschaftsverhältnisse reproduziert.

Die totale Aufhebung der geschlechtsspezifischen Arbeitsteilung ist eine der Hauptvoraussetzungen für die Befreiung der Frauen.

Der besondere Charakter der geschlechtsspezifischen Arbeitsteilung

»Streng genommen ist der Begriff der geschlechtsspezifischen Arbeitsteilung für das Verhältnis, in dem sich Frau und Mann im Hinblick auf ihre Tätigkeit zueinander befinden, unzureichend und verschleiert die Realität, da es sich dabei nicht um eine gleichberechtigte Teilung der Arbeit (wie etwa zwischen Schuster und Schreiner) handelt, sondern um eine Funktionszuweisung, die ein bestimmtes Machtverhältnis impliziert. Die Arbeitsteilung zwischen den Geschlechtern ist insofern eine besondere, als sie ein bestimmtes gesellschaftliches Machtverhältnis zwischen Frau und Mann voraussetzt und solange diese Art der Arbeitsteilung bestehen bleibt, dieses Herrschaftsverhältnis immer neu produziert.«[7]

Renate Stefan[8] definiert diesen besonderen Charakter der geschlechtsspezifischen Arbeitsteilung als bestimmt durch zwei Faktoren:

1. Die spezielle Verteilung der Arbeit zwischen den Geschlechtern beinhaltet vor allem eine ökonomische Abhängigkeit der Frau vom Mann. Der Mann ist hauptverantwortlich für den außerhäuslichen Erwerb der lebensnotwendigen Güter und »hat somit die ökonomische Versorgung der ganzen Familie in der Hand . . .«

2. »Die Arbeiten von Frau und Mann geschehen in zwei voneinander völlig getrennten Bereichen.« Die Frau verrichtet die Arbeit im privaten Bereich der Familie, nur für die Familienmitglieder konkret sichtbar. »Obwohl diese Arbeiten für die Existenz jeder Gesellschaft unabdingbar sind, werden sie in unserer Gesellschaft nicht anerkannt, nicht bezahlt, eigentlich sogar ignoriert.« Durch ihre Zuständigkeit für den »privaten Bereich« wird die Frau weitgehend vom öffentlichen, außerhäuslichen Bereich, für den der Mann zuständig ist, ausgeschlossen. So daß praktisch der Mann für die Frau auch die »Auseinandersetzung mit dieser Öffentlichkeit« führt und »somit ihre Abhängigkeit von ihm auch in dieser Hinsicht besiegelt«.[9]

Neben diesen allgemeinen Bestimmungen der geschlechtsspezifischen Arbeitsteilung, bzw. des besonderen Charakters, müssen diese auch auf den Bereich der Produktion bezogen werden.
Der besondere Charakter der geschlechtsspezifischen Arbeitsteilung verlangt nach einer geschlechtsspezifischen Sozialisation,

diese wiederum reproduziert die geschlechtsspezifische Arbeitsteilung. Sie schafft die Voraussetzung für die Ausübung spezifisch »weiblicher« und »männlicher« Tätigkeiten und Funktionen, indem sie »weibliche« und »männliche« Eigenschaften, Fähigkeiten und Fertigkeiten sozialisiert. Dies hat einander ungleichgewichtige, komplettierende Eigenschaften und Fähigkeiten zur Folge, die jedoch eine Reduktion der Geschlechter bedeuten, mit allerdings sehr unterschiedlichen Auswirkungen für Frauen und Männer.

Renate Stefan schreibt weiter: »Die Arbeitsteilung zwischen Frau und Mann in unserer Gesellschaft, bzw. die Sozialisation zur geschlechtsspezifischen Arbeitsteilung, führt zu einer physischen Reduktion des Menschen, zu einem weiblichen und zu einem davon deutlich abgegrenzten männlichen Menschen. Wichtig ist, daß die beide Geschlechter betreffende Reduktion, für die Frau und den Mann jedoch völlig verschiedene, eigentlich sogar entgegengesetzte Konsequenzen hat«[10]. Das heißt, im Verlauf der Sozialisation entwickeln Frauen »physische und psychische Konstitutionen, die dem sog. ›weiblichen Wesen‹ entsprechen«[11] und die wiederum benutzt werden zur Legitimierung ihrer minderwertigen Stellung.

Das heißt: Nicht weil Frauen von Geburt an bestimmte physische und psychische Konstitutionen haben, müssen sie spezifische Arbeitstätigkeiten verrichten, sondern weil ihnen die Verantwortung für Hausarbeit, Kindererziehung und das Wohlergehen des Ehemannes obliegt, müssen sie die entsprechenden Eigenschaften, Fähigkeiten und Fertigkeiten im Prozeß der Sozialisation erwerben.

»Weil ihr ein spezieller Teil innerhalb der Arbeits- und Funktionsteilung zugewiesen wird, entwickelt sie bestimmte Eigenschaften, Fähigkeiten, Verhaltensweisen und Bewußtseinsformen, die im Patriarchat als typisch weiblich gelten und somit auch als minderwertig«[12], schließt Renate Stefan. Emotionalität, Passivität, Personenzentriertheit, Gewissenhaftigkeit, Pflichtbewußtsein, Hilfsbereitschaft, Selbstüberwindung, Rücksicht, Unterordnung, Demut, Freundlichkeit, Ordentlichkeit, schnelle repetitive Tätigkeiten, monotone Tätigkeiten, Fingerfertigkeit, geringes Selbstbewußtsein usw. sind sowohl Voraussetzungen dieser Funktions- und Arbeitsteilung, wie deren ständiges Resultat. »In Hinsicht auf den Mann spricht man dagegen auffallend wenig vom Wesen des Mannes, vielmehr werden seine erworbenen Konstitutionen von ihm selbst als allgemeine menschliche Norm begriffen und propagiert und gelten auf gesamtgesellschaftlicher Ebene als Normen, an denen sowohl Frauen als auch Männer gemessen werden«[13]. Frauen, denen diese männlichen = menschlichen Qualifikationen vorenthalten werden, werden jedoch daran gemessen und für minderwertig befunden. »Männliche« Eigenschaften und Fähigkeiten, wie z. B: größere technische Begabung, Aktivität, ausgeprägter Realitätssinn, starke Leistungsorientierung u. a. begünstigen und stabilisieren die Vormachtstellung der Männer als herrschendes Geschlecht.

Wenn nun die geschlechtsspezifische Arbeitsteilung zwischen Frauen und Männern die Ursache für die ungleiche Stellung der Geschlechter ist, drängt sich natürlich die Frage nach der Ursache dieser Arbeitsteilung auf.

Zur Erklärung der geschlechtsspezifischen Arbeitsteilung und somit des Unterschieds zwischen Frauen und Männern, gibt es im wesentlichen drei theoretische Ansätze:

1. Der biologistische Ansatz: Dieser Ansatz geht von der Annahme aus, daß natürliche, biologische Unterschiede zwischen Frauen und Männern die Ursache der Geschlechtsunterschiede und somit auch der geschlechtsspezifischen Arbeitsteilung sind. Und hieraus wird dann auch die gesellschaftlich andersartige, d. h. real geringere Stellung der Frauen abgeleitet, die Herrschaft der Männer über die Frauen (Vertreter des Ansatzes: Moers, Weininger, Heymans, Lersch, Hansen usw.). Auf diesen Ansatz werde ich im folgenden nicht eingehen, weil er offen biologistisch ist und der Tatsache, daß der Mensch ein gesellschaftliches Wesen ist, nicht einmal in Ansätzen Rechnung trägt.

2. Der Ansatz von der gesellschaftlichen Bedingtheit, mit geringem aber verbleibendem »natürlichen Unterschied«: Er geht von der Annahme aus, daß die Unterschiede zwischen Frauen und Männern, wie wir sie heute vorfinden, im wesentlichen das Resultat bestimmter gesellschaftlicher Verhältnisse sind; das heißt, daß die Unterschiede zwischen Frauen und Männern sich nicht restlos aus den jeweiligen gesellschaftlichen Verhältnissen ableiten lassen und ein kleiner Unterschied zwischen Frauen und Männern immer bleiben wird. Frauen sind nicht minderwertig, aber anders. Eine »Andersartigkeit« allerdings, die nicht als gleichwertig neben der »Art« des Mannes steht, sondern an ihr gemessen und beurteilt wird. Bei den Erklärungen ihrer spezifischen gesellschaftlichen Realität bleibt bei diesem Ansatz dann auch immer ein ungeklärter Rest, der »irgendwo« das Unterdrückungsverhältnis vom Mann zur Frau rechtfertigen soll. (Vertreter dieses Ansatzes sind die klassischen sozialistischen Theoretiker, wie Marx, Engels,

Bebel, und ebenso die neueren wie Dannheur, Hörz, Menschik usw.).

3. Der Ansatz von der totalen gesellschaftlichen Bedingtheit: Dieser Ansatz lehnt die biologische Vorbestimmtheit der Geschlechter ab (mit Ausnahme der schon erwähnten Gebär- und Zeugungsfunktion) und führt die Geschlechtsdifferenzen ausschließlich auf die jeweiligen gesellschaftlichen Verhältnisse zurück. Er geht von der Annahme aus, daß jeglicher Unterschied gesellschaftlich bedingt ist, das heißt das Resultat der geschlechtsspezifischen Arbeitsteilung, und jeder Unterschied prinzipiell umkehrbar ist. Einziger Unterschied: die biologische Fähigkeit zum Gebären. Aber schon die daraus abgeleitete »soziale Mutterschaft« ist gesellschaftlich bedingt. Es kann nicht ausdrücklich genug darauf hingewiesen werden, daß nichts die automatische Ableitung zur besseren Befähigung bei der Kindererziehung aus der Gebärfähigkeit rechtfertigt. Die soziale Mutterschaft ist nicht eine zwangsläufige und natürliche Folge der biologischen Mutterschaft. Auch die sogenannte »Mütterlichkeit« ist anerzogen und nicht angeboren. Dieser Ansatz stützt sich neben einer streng materialistischen Analyse des Verhältnisses der Geschlechter auch auf neue Erkenntnisse verschiedener wissenschaftlicher Disziplinen.

Im Unterschied zum ersten Ansatz geht der zweite zwar zur Erklärung einiger Geschlechtsunterschiede (und somit auch einiger Bereiche der geschlechtsspezifischen Arbeitsteilung) von den gesellschaftlichen Verhältnissen aus, unter denen die Geschlechter leben, er besagt jedoch eindeutig, daß diese Verhältnisse nicht alle Unterschiede zwischen den Geschlechtern und damit die geschlechtsspezifische Arbeitsteilung erklären.
Ich werde im folgenden jedoch zeigen, daß der hinter diesem Rest steckende Inhalt genau das ist, was der niedrigen Stellung der Frauen heute zugrunde liegt und die Herrschaft der Männer über die Frauen legitimiert. Auf der Basis wird dann die Kritik an diesem Ansatz noch mal deutlich.

Die »natürliche« Arbeitsteilung
sozialistischer Theoretiker

Wie sieht nun die »natürliche Arbeitsteilung« zwischen den Geschlechtern in der Urgesellschaft aus, und welche biologischen Unterschiede zwischen Frauen und Männern sind in den Augen der sozialistischen Klassiker und »Propheten« der Frauenfrage die Ursache dafür?

»Die Teilung der Arbeit ist rein naturwüchsig: Sie besteht nur zwischen den Geschlechtern. Der Mann führt den Krieg, geht jagen und fischen, beschafft den Rohstoff der Nahrung und die dazu notwendigen Werkzeuge. Die Frau besorgt das Haus und die Zubereitung der Nahrung und Kleidung, kocht, webt, näht. Jedes von beiden ist der Herr auf seinem Gebiet: der Mann im Walde, die Frau im Hause. Jeder ist Eigentümer der von ihm verfertigten und gebrauchten Werkzeuge: der Mann ist Eigentümer der Waffen, des Jagd- und Fischzeugs, die Frau Eigentümerin des Hausrates. Die Haushaltung ist kommunistisch . . .[14] und ». . . der Erwerb (war) immer Sache des Mannes gewesen, die Mittel von ihm produziert und sein Eigentum.«[15] Wenn diese Teilung der Arbeit naturwüchsig, und damit nicht gesellschaftlich bedingt ist, so müßte sie aus einer biologisch begründbaren Qualifikation der Frauen für den Bereich des Hauses abgeleitet werden, und aus einer ebenso biologisch begründbaren Qualifikation des Mannes für »draußen«. Was aber sind für die sozialistischen Theoretiker diese angeblich biologisch begründeten Fähigkeiten und Eigenschaften, die die Frauen für den Erwerb draußen weniger befähigen als die Männer und für die Verrichtung drinnen mehr?

Dazu Bebel: »Im allgemeinen waren in der Urzeit die *physischen* und *geistigen Unterschiede* zwischen Mann und Frau weit geringer (Hervorhebungen d. Verf.), als in unserer Gesellschaft. Bei fast allen Wilden und in der Barbarei (laut Engels ist Barbarei identisch mit Matriarchat, U. S.) lebenden Völkern sind die Unterschiede in dem *Gewicht* und in der *Größe des Gehirns* geringer als bei den Völkern der Zivilisation.

Auch stehen die Frauen bei diesen Völkerschaften an Körperkraft und Gewandtheit den Männern kaum nach[16]«.

Alles »Weibliche« ist also dem »Männlichen« ähnlich, nur immer ein klein wenig geringer, minderwertiger. Doch auch da, wo Bebel »Weibliches« nicht nur in Relation zum »Männlichen« (welches die Norm ist, an der er alles mißt), definiert, zeigt sich sehr schnell, daß die angeblich weiblichen Qualifikationen, die Andersartigkeit, gemessen an den patriarchalischen Normen und an der

Prädispositertheit zur realen Ausbeutung und Unterdrückung als »negative« Eigenschaften und Fähigkeiten gelten.

Bebel: »Andererseits ist die Frau *von Natur* (aus) *impulsiver* als der Mann, sie *reflektiert weniger* als dieser, ist *selbstloser, naiver,* daher ist sie von *größerer Leidenschaftlichkeit beherrscht* (was heißt, weniger rational, weniger logisch usw. U. S.), die sich in der wahrhaft *heroischen Aufopferung,* mit der sie für das *Kind eintritt* oder für die *Angehörigen sorgt* und sie in Krankheitsfällen pflegt, im schönsten Lichte zeigt. In der *Furie* dagegen findet diese Leidenschaft ihren häßlichen Ausdruck. Aber die guten wie die schlimmen Seiten werden in erster Linie durch die soziale Stellung begünstigt, gehemmt oder umgewandelt, Derselbe Trieb, der unter ungünstigen Verhältnissen als ein Fehler sich darstellt, wird unter günstigen eine Quelle des Glücks für diese Person und *für andere.*«[17] Und weiter ». . . sie besitzt ferner *größere Geduld, gewandtere Fingerfertigkeit,* die sie für eine Menge von Arbeiten geschickter machen als der Mann . . .«[18], und ». . . auch wir glauben, daß es eine zweckmäßige Arbeitsteilung ist, den *Männern die Verteidigung des Landes zu überlassen, den Frauen die Sorge für Heimat und Herd . . .*«[19]

Geringere Reflektion und Naivität z. B. sind wohl kaum andersartige, gleichwertige Qualifikationen. Ebensowenig z. B. Aufopferungsbereitschaft ohne Selbstbehauptung und Impulsivität und größere Leidenschaftlichkeit ohne Reflektion. Diese Eigenschaften sind eher geeignet zur Unterdrückung durch die Kaste, die – angeblich biologisch bedingt – höhere Reflektion, Ratio und Kraft besitzt. Auch »Kochlöffel statt Waffen« dokumentieren eindeutig diese Machtverhältnisse.

Neben Aufopferung, Selbstlosigkeit und größerer Emotionalität, Eigenschaften, die Frauen zur Kinderaufzucht befähigen sollen, und der Geduld, die ja auch eher eine Voraussetzung zur Unterdrückung darstellt (wenn sie nicht gebunden ist an Aktivität und Selbstbehauptung), gibt es dann noch die viel gerühmte Fingerfertigkeit der Frauen, die sie angeblich besonders für die traditionellen Arbeiten im Haushalt, wie nähen, stopfen, sticken usw. befähigen soll. Doch das alles sind Eigenschaften, die auch heute als Vorwand zur Zuweisung spezifisch »weiblicher« Tätigkeiten und zur Unterdrückung der Frauen dienen und die vor allem auch Legitimation sind für die mangelnde Eignung der Männer für diesen Bereich. Die Zuordnung dieser »natürlichen Qualifikationen« an die Frauen ist auch für die sozialistischen Theoretiker keine Diskriminierung. Eine solche Zuweisung wäre in den Augen der sozialistischen Theoretiker bei jeder anderen gesellschaftlichen Gruppe diskriminierend, ist es aber nicht, wenn es sich um Frauen handelt.

Daß in der Theorie, wenn sie Frauen zum Gegenstand hat, solche wissenschaftlich unhaltbaren und falschen Aussagen gemacht und unreflektiert übernommen werden, läßt sich nicht mit Zufällen erklären, sondern muß als Ausdruck der patriarchalischen »Borniertheit« der heutigen Wissenschaft begriffen werden.

Für Marx war die sogenannte »natürliche Arbeitsteilung« zunächst einmal: »ursprünglich nichts als die Teilung der Arbeit im Geschlechtsakt . . .«[20]. Im selben Atemzug jedoch schließt er daraus die »Teilung der Arbeit, die sich vermöge der natürlichen Anlagen, z. B. Körperkraft, Bedürfnisse, Zufälle etc. von selbst oder naturwüchsig macht . . .«[21] und spricht wenige Zeilen später von der »naturwüchsigen Arbeitsteilung der Familie«[22].

Doch woher kommen diese »natürlichen Anlagen«? Und seit wann sind bei Marx Bedürfnisse die Ursache von gesellschaftlichen Zusammenhängen? Und seit wann sind Zufälle ein Erklärungsmoment? Wie wir durch neuere und auch ältere Forschungen[23] wissen, ist auch Körperkraft Resultat und nicht die Ursache der Arbeitsteilung zwischen den Geschlechtern.

Die sozialistischen Theoretiker geben also keine Antwort auf die Frage, woher die »natürlichen Anlagen« für die geschlechtsspezifischen Qualifikationen kommen. Sie belassen es sogar mit dem ihrem Ansatz Hohn sprechenden Hinweis auf »natürliche Anlagen«, »Bedürfnisse«, »Zufälle« etc. Solche Verweise sind Anzeichen einer falschen Analyse; dies im einzelnen auszuführen, würde aber über meine spezifische Fragestellung hinausgehen.

Eine solche Konstruktion muß auch herhalten zur Erklärung der als mysteriös angesehenen Macht der Frauen in der Urgesellschaft bzw. »Barbarei«. Auch hier völlig unmaterialistisch soll nicht die aus den materiellen Verhältnissen begründete höhere Stellung der Frauen, sondern die Achtung der Kaste der Männer für die »Andersartigkeit« der Frauen, für ihre spezifischen weiblichen Qualifikationen die Ursache für die Vorherrschaft der Frauen sein. Dazu Engels: »Es ist ja eine der absurdesten, aus der Aufklärung des 18. Jahrhunderts überkommenen Vorstellungen, das Weib sei im Anfang der Gesellschaft Sklavin des Mannes gewesen. Das Weib hat bei allen Wilden und Barbaren der Unter- und Mittelstufe, teilweise noch Oberstufe, nicht nur freie, sondern *hochgeachtete* Stellung . . . die kommunistische Haushaltung, in der die Weiber meist oder alle ein und derselben Gens angehören, ist die sachliche Grundlage jener in der Urzeit allgemein weitverbreiteten *Vorherrschaft der Weiber* . . . die Teilung der Arbeit zwischen den Geschlechtern wird bestimmt durch ganz andere

Ursachen, als die Stellung der Frau in der Gesellschaft . . . kommunistischer Haushalt bedeutet aber, Herrschaft der Weiber im Hause, wie ausschließliche Anerkennung einer leiblichen Mutter bei Unmöglichkeit, einen leiblichen Vater mit Gewißheit zu erkennen, hohe *Achtung der Weiber*, d. h. der Mütter . . .«[24]

Daß Engels die dominante Stellung von Frauen in matriarchalischen Gesellschaften nur aus der ihnen entgegengebrachten »Achtung« erklärt, läßt auf ein falsches Verständnis des von ihm angegebenen Erklärungsmomentes dieser Herrschaft (»kommunistische Haushaltung . . . Herrschaft der Weiber im Hause«) schließen. Wichtig ist hier noch anzumerken, daß Engels sich bei seiner Darstellung der matriarchalischen Gesellschaft lediglich auf eine von mehreren, sehr unterschiedlichen Formen von matriarchalischen Gesellschaften bezieht. »Hauswesen« darf nämlich nicht mit dem heutigen »Haushalt« verwechselt werden, und die Reproduktionstätigkeit, die eine Hausfrau heute verrichtet, nicht mit der Tätigkeit in einem »Hauswesen« gleichgesetzt werden.

Die Trennung des materiellen Lebenserhaltungs- und Schaffungsprozesses, wie sie für die kapitalistische Produktionsweise typisch ist – als Aufteilung der gesamtgesellschaftlichen notwendigen Arbeit in den Bereich der gesellschaftlichen Produktion und den der privaten Reproduktion, existierte in dieser Form in den vorbürgerlichen Gesellschaften nicht.

Das Hauswesen stellte die Produktionseinheit dar, innerhalb derer alle Tätigkeiten, die gesellschaftlich (d. h. für die Gemeinschaft) notwendig waren, verrichtet wurden; es umfaßte also nicht nur die Tätigkeiten, die heute zur Reproduktion der im Produktionsprozeß stehenden Individuen von der Frau im Haus verrichtet werden. Von daher ist es richtiger zu sagen, daß Frauen in dem damaligen Prozeß der gemeinschaftlichen Produktion (d. h. im Hauswesen) die entscheidende Funktion einnahmen und sich ihre Vorherrschaft nur über ihre zentrale Funktion im gesellschaftlichen Produktionsprozeß erklären läßt.

Auch das in diesem Zusammenhang oft gebrauchte Argument, daß die Frau durch ihre biologische Möglichkeit, Kinder zu gebären, nie in dem Maße wie der Mann an der gesellschaftlichen Produktion beteiligt sein könne, läßt sich nicht halten. Denn hinter diesem Einwand liegt die Vorstellung, daß die Verhältnisse, so wie sie sich uns heute darstellen, in dieser Form schon immer existiert haben müssen. Dabei wird nicht berücksichtigt, daß Frauen in matriarchalischen Gesellschaften Verhütungsmittel und Abtreibungsmethoden gekannt haben.[25] Gebärfähigkeit konnte von ihnen sinnvoll eingesetzt werden, ohne daß sie deshalb aus dem Prozeß der gesellschaftlichen Produktion ausgeschlossen wurden.

Herrschaft ist also gebunden an eine dominante Funktion im Prozeß der gesellschaftlichen Produktion und Reproduktion des materiellen Lebens. So entscheidet die Funktion eines Geschlechts im Rahmen der gesellschaftlichen Produktions- und Reproduktionsverhältnisse über seine Dominanz bzw. seine Unterordnung im gesellschaftlichen Leben. Ein Geschlecht, eine soziale Organisation kann nur dann dominieren, wenn es auch die jeweiligen Verfügungsrechte über die Produktionsmittel und Arbeitsprodukte regelt. Denn: »Die Kontrolle über den Zugang zu den Produktionsmitteln und zu den gesellschaftlichen Arbeitsprodukten ist entscheidend; und diese Kontrolle bedeutet gleichzeitig gesellschaftliche Autorität und Sanktionsgewalt, also politische Verhältnisse. Es sind die Produktionsverhältnisse, die für die Dominanz dieser oder jener Instanz ausschlaggebend sind.«[26]

Eben dies ist auch die Ursache der Herrschaft der Frauen in den verschiedenen Formen *der matriarchalischen Gesellschaften. Ursache ihrer »tatsächlichen Macht« . . ., »ihrer Herrschaft über die Gesellschaft und den Mann«*[27].

Michael Stefan schreibt dazu: »So waren Frauen in matriarchalischen Gesellschaften als Produzenten tätig, zudem hatten sie die Kontrolle über die Produktionsmittel und hielten aufgrund ihrer ökonomischen Macht auch die politische Macht in ihren Händen«[28], und weiter: »Einzig und allein die Funktion eines Geschlechts, vorausgesetzt, es besteht eine Funktionstrennung nach Geschlechtern in der jeweiligen Gesellschaft im Rahmen der gesellschaftlichen Produktions- und Reproduktionsverhältnisse, entscheidet über seine Dominanz, bzw. Unterordnung in der Gesellschaft«[29].

Heute existieren mehrere wissenschaftliche Untersuchungen[30], die zeigen, daß die existierenden Matriarchate keineswegs, wie Engels und Bebel meinten, nur Gesellschaften mit mutterrechtlicher Vererbung oder Vorherrschaft der Frauen im Hause waren. Neuere[31] und zum Teil auch schon zu Engels Zeiten existierende und von Bebel – ohne Konsequenz – zitierte[32] Forschungsergebnisse haben bewiesen, daß es Matriarchate, »Frauenherrschaft«, – nicht nur in der sogenannten Urgesellschaft, sondern auf verschiedenen Stufen der gesellschaftlichen Entwicklung – gegeben hat. Es gab Frauenherrschaft auch in hochentwickelten Staaten (auf der Stufe der »Zivilisation« mit all den von Engels genannten Implikationen), in Ägypten, dem heutigen Gebiet der Türkei, Griechenland u. a. Diese matriarchalischen Gesellschaften waren – nach den oben genannten Untersuchungen – gekennzeichnet durch die

Herrschaft der Frauen über die Männer, durch die geringere Stellung der Männer, ihre Unterdrückung und durch eine absolute Umkehrung der geschlechtsspezifischen Arbeitsteilung. Auch hier existierten aufgrund der geschlechtsspezifischen Arbeitsteilung geschlechtsspezifische Unterschiede, nur genau umgekehrt. Das heißt: Frauen hatten Eigenschaften und Fähigkeiten, die heute Männer haben und Männer jene, die heute Frauen haben. Diese Matriarchate existierten in bereits entwickelten Gesellschaften mit Privateigentum, einer relativ entwickelten gesellschaftlichen Arbeitsteilung, Handel, Klassen, Sklaven und staatlichen Institutionen.[33]

Die Existenz matriarchalischer Staaten – mit einer absoluten Umkehrung der geschlechtsspezifischen Arbeitsteilung und somit der geschlechtsspezifischen Unterschiede – deutet darauf hin, daß die heute vorfindbare geschlechtsspezifische Arbeitsteilung weder physiologische, noch biologische, also keine natürlichen Unterschiede zwischen den Geschlechtern als Ursache hat, sondern die heute vorfindbaren Unterschiede zwischen den Geschlechtern das Resultat der spezifischen Arbeitsteilung zwischen Frauen und Männern sind. Mathilde Vaerting schreibt dazu: »Die unterschiedliche Konstitution der Geschlechter ist nicht die Ursache, sondern die Folge der geschlechtsspezifischen Arbeitsteilung.«[34]

Michael Stefan: »Wir können deshalb mit Sicherheit sagen, daß die körperliche Organisation der Frau in der Praxis der Arbeitsteilung niemals eine Rolle gespielt hat. Die weibliche Schwäche ist nicht die Ursache sondern die Folge derselben.«[35] Festzuhalten ist also, daß der Mythos ins Wanken gerät, daß die Vorherrschaft der Männer (das Patriarchat) sich auf »natürliche« Unterschiede zwischen den Geschlechtern gründe und Resultat einer »naturwüchsigen Arbeitsteilung« sei.

Daß diese sogenannte »naturwüchsige Arbeitsteilung« nicht Ursache der gesellschaftlichen Stellung der Frauen heute, sondern Resultat der materiellen Verhältnisse der Produktion ist, läßt sich z. B. auch an neueren anthropologischen, ethnologischen, archäologischen wie geschichtswissenschaftlichen Forschungsergebnissen zeigen.

So konnte Margaret Mead[36] durch Untersuchungen über Volksstämme in Neu-Guinea bereits 1928 nachweisen, daß es Gesellschaftsformen gibt, in denen ein Unterschied zwischen den Geschlechtern, wie er bei uns bekannt ist und wie er der Theorie der »naturwüchsigen« Arbeitsteilung von Engels zugrunde liegt, nicht existiert. Sie stellte fest, daß die Frauen in diesen Stämmen den Männern weder an Körpergröße noch an Körperkraft unterlegen waren und daß sie dort Tätigkeiten ausführten, die bei uns als typisch männlich gelten (wie z. B. schwere Feldarbeit, Fischen).

Auch Engels Annahme von einer geordneten Aufeinanderfolge von Matriarchat und Patriarchat, sowie die Annahme, daß die patriarchalische Gesellschaft die höhere Entwicklungsstufe in der Menschheitsgeschichte darstelle, lassen sich nicht mehr aufrechterhalten. (Vgl. dazu die Ergebnisse von Merfeld 1972, Goldier 1973 und Stefan 1975.) Die Untersuchungsergebnisse zeigen vielmehr, daß es im Laufe der menschlichen Geschichte mehrfache Wechsel zwischen Matriarchat, Patriarchat und gleichberechtigten Gesellschaften gegeben hat.

All diese neueren Ergebnisse legen den Schluß nahe, daß die heutigen Unterschiede zwischen Frauen und Männern keine natürlichen Unterschiede zwischen den Geschlechtern zur Ursache haben, sondern vielmehr Ausdruck der spezifischen gesellschaftlichen Arbeitsteilung nach Geschlechtszugehörigkeit sind, die selbst Resultat des historischen Entwicklungsprozesses ist.

Diese Ausführungen sollen nicht positive Erklärungen zur geschichtlichen Genese des heutigen Herrschaftsverhältnisses zwischen Frauen und Männern ersetzen, sondern darauf hinweisen, daß alle Ansätze, die dieses Herrschaftsverhältnis als Resultat eines »natürlichen Unterschieds«, eines »unterschiedlichen Wesens« interpretieren, nicht haltbar sind.

Im folgenden soll das vom Standpunkt der Psychologie ausgeführt werden, indem gezeigt wird, wie schon in den ersten Lebensmonaten die gesellschaftlichen Verhältnisse einen entscheidenden Einfluß darauf haben, ob aus einem Kind ein »Mädchen« oder ein »Junge« wird.

Folgen des Biologismus
sozialistischer Theoretiker

Die von den sozialistischen Theoretikern als ursprünglich angenommenen geschlechtsspezifischen Unterschiede sollen in der »Urgesellschaft« keine Benachteiligung der Frauen zur Folge gehabt haben. Erst im Verlauf der Entwicklung der Gesellschaft sollen sie die Unterdrückung der Frau mit verursacht haben. So schreibt Engels: »Solange die Produktion von Lebensmitteln noch auf der untersten Stufe stand und sehr einfache Ansprüche befriedigte, war die Tätigkeit von Mann und Frau *wesentlich* dieselbe. Mit zunehmender Arbeitsteilung tritt aber nicht bloß Trennung der Vorrichtung, sondern auch Trennung des Erwerbs ein. Fischfang, Jagd, Viehzucht und Ackerbau fordern *besondere Kenntnisse* und in höherem Maße die Herstellung von Werkzeugen und Gerätschaften, die vorzugsweise Eigentum der Männer waren. Der Mann, der bei dieser Entwicklung im Vordergrund stand, wurde der eigentliche Herr und Eigentümer dieser Reichtumsquellen.«[37] Und weiter: ». . . lediglich weil die Arbeitsteilung außerhalb der Familie eine andere geworden war. Dieselbe Ursache, der die Frau ihre frühere Herrschaft im Hause gesichert: ihre Beschränkung auf die Hausarbeit, dieselbe Ursache sicherte jetzt die Herrschaft des Mannes im Haus: die Hausarbeit verschwand jetzt neben der Erwerbstätigkeit des Mannes; diese war alles, jene eine unbedeutende Beigabe . . .«[38]

Solange die sozialistischen Theoretiker die geschlechtsspezifische Arbeitsteilung nicht total in Frage stellen, solange sie – wenn auch beschränkt –, von biologischen »natürlichen« Unterschieden zwischen Frauen und Männern ausgehen, kann auch ein solcher Sozialismus, auf eben dieser Basis, die Frauen nicht aus ihrer minderwertigen Stellung befreien. Im Gegenteil: Sie legitimieren durch die Behauptung des »natürlichen Unterschieds« eben jenen Vorwand zur spezifischen Unterdrückung der Frauen, zur Ausbeutung »weiblicher« Qualifikation in Reproduktions- wie Produktionsbereich, für die Herrschaft der Männer über die Frauen.

So sieht denn auch ihre »Lösung« der Frauenunterdrückung eine Befreiung der Frauen von eben dieser spezifischen Arbeitsteilung nicht vor: sie ist ja »natürlich«. Reduziert werden sollen lediglich die Auswüchse, die durch die je spezifische Gesellschaft entstanden sind.

Dazu schreibt Bebel: »Die Frau der neuen Gesellschaft ist sozial und ökonomisch vollkommen unabhängig, sie ist keinem Schein von Herrschaft und Ausbeutung mehr unterworfen, sie steht dem Mann als Freie, Gleiche gegenüber und ist Herrin ihrer Geschichte. Ihre Erziehung ist der des Mannes gleich (aber nicht die des Mannes mit der der Frau, d. Verf.), mit Ausnahme der Abweichungen, *welche die Verschiedenheit des Geschlechts und ihre geschlechtlichen Funktionen bedingen:* unter naturgemäßen Lebensbedingungen lebend, kann sie ihre physischen und geistigen Kräfte und Fähigkeiten nach Bedürfnis entwickeln und betätigen; sie wählt für ihre Tätigkeit diejenigen Gebiete, die ihren Wünschen, Neigungen und Anlagen entsprechen und ist unter den gleichen Bedingungen wie der Mann tätig. Eben noch praktische Arbeiterin in irgendeinem Gewerbe, ist sie in einem anderen Teil des Tages Erzieherin, Lehrerin, Pflegerin, übt sie in einem dritten Teil irgendeine Kunst aus oder pflegt die Wissenschaft und versieht an einem vierten Teil irgendeine verwaltende Funktion« . . .[39] Und weiter: »Der Sozialismus schafft hier nichts Neues, er stellt auf höherer Kulturstufe und unter neuen gesellschaftlichen Formen wieder her, was, ehe das Privateigentum die Gesellschaft beherrschte, allgemein Geltung war.«[40] Und weiter: »Die Frau ist also frei, und Kinder, die *sie* besitzt, verkürzen diese Freiheit nicht, sie können ihr nur die Freude am Leben vermehren. Pfleger*innen*, Erzieher*innen*, befreundete *Frauen*, die heranwachsende *weibliche* Jugend stehen in Fällen, in denen sie Hilfe braucht, zur Seite.«[41] . . .»Keine andere Ungleichheit (hat mehr) Berechtigung als jene . . ., welche die Natur in die Verschiedenheit des Wesens der einzelnen und zur Erreichung des Naturzweckes schuf. Die *Naturschranken* wird aber kein Geschlecht überschreiten, weil es damit seinen Naturzweck vernichtet!!«[42]

Was damit angesprochen ist, ist klar[43] Die Frau sei für die soziale Mutterschaft aufgrund ihrer Gebärfähigkeit besser geeignet als der Mann. Das ist die »Naturschranke«. Auf der anderen Seite steht der Mann mit seiner zitierten besseren Befähigung zum Kampf, größeren Körperkraft und -gewandtheit usw. Daß aus der Tatsache der Gebärfähigkeit der Frau Schlüsse auf die Verteilung der gesellschaftlich notwendigen Arbeit nach Geschlechtszugehörigkeit gezogen werden, läßt sich auch an den heutigen sozialistischen Staaten sehen. Dies zeigt als Beispiel folgender Auszug, der sinngemäß auch dem § 123,2 des Gesetzbuches der Arbeit der DDR entspricht: »Der Frau obliegt auch in unserer Gesellschaft die meiste Pflege und Fürsorge für das Kind in den ersten Lebensjahren. Diese gesellschaftliche Arbeitsteilung zwischen Frau und Mann erscheint uns als *sinnvoll* und *natürlich*. Die *biologische und soziale Funktion der Mutterschaft* führt in der antagonistischen Klassengesellschaft zur Benachteiligung der Frau. Erst in einer sozialistischen Gesellschaft ist es möglich, die Lebensbedingungen der Frau so zu gestalten, daß ihr aus ihren *Mutterpflichten* keine gesellschaftliche Benachteiligung erwächst. Vielfältige Maßnahmen unserer Gesellschaft zielen darauf hin, den Frauen *ihre Pflichten zu erleichtern.*«[44] (Alle Hervorhebungen v. d. Verf.)

Sozialismus, so verstanden und praktiziert, bedeutet für Frauen das weitere Aufrechterhalten ihrer Festlegung auf den privaten Reproduktionsbereich. Indem nämlich diese »Feststellung als ›sinnvoll und natürlich‹ begriffen wird, wird diese Arbeitsteilung nicht als Ausdruck einer spezifischen gesellschaftlichen Unterdrückung gefaßt, sondern (mit der Theorie von Engels) biologisch begründet.«[45]

So bleibt auch in diesen Gesellschaften die Fähigkeit der Frau zur biologischen Mutterschaft Vorwand für ihre alleinige Verantwortung zur sozialen Mutterschaft. Gleichzeitig verschärft sich für die Frauen damit das Problem der ›Doppelbelastung‹, denn sie müssen alles tun, was auch Männer tun, obwohl ihr Festgelegtsein auf private Reproduktion ihre Teilnahme an den anderen gesellschaftlichen Bereichen – den »männlichen« – behindert. Nur von einem ganz wesentlichen Instrument der Macht – der Armee – scheint sie weiterhin fast ausgeschlossen zu sein. Ein solch patriarchalisch geprägter Sozialismus bringt den Frauen also keine Befreiung von ihrer frauenspezifischen Unterdrückung, von der Herrschaft des Mannes.

Christiane Engler und Angelika Ramshorn schreiben dazu: »Die Geschlechtsrollen verlieren vielleicht ihren klassenbedingten Charakter, d.h. aber nichts anderes als ihre klassenbedingte Spezifizierung, ihren grundsätzlichen Charakter, in dem sich aber gerade das Unterdrückungsverhältnis zwischen Mann und Frau manifestiert, behalten sie bei. Es gibt dann keine klassenbedingten Geschlechtsrollen mehr, sondern ›nur‹ sozialistische!!!«[46]

Indem sozialistische Theoretiker diese wichtige Voraussetzung zur vollständigen Befreiung der Frau übersehen, bleiben sie in der Analyse des Geschlechtswiderspruchs dem Prinzip der patriarchalischen Verhältnisse verhaftet.

Abschließend läßt sich also sagen: Solange die sozialistischen Theoretiker die spezifische Unterdrückung der Frauen nicht auf ihre wirkliche Ursache zurückführen, nämlich auf die geschlechtsspezifische Arbeitsteilung und die Herrschaft der Männer, und somit keine umfassende Analyse gelingt, die den Widerspruch zwischen den Geschlechtern reflektiert und begründet, und von daher praktische Veränderungsmöglichkeiten anzeigt, wird ein so gearteter Sozialismus den Frauen keine totale Befreiung bringen. Mehr noch: indem die sozialistischen Theoretiker der Frauenemanzipation aus sogenannten »natürlichen« Unterschieden zwischen den Geschlechtern eine relative geschlechtsspezifische, d.h. Frauen diskriminierende Arbeitsteilung ableiten, tragen sie dazu bei, die Unterdrückung der Frauen zu perpetuieren und zu legitimieren.

Solange die sozialistischen Theoretiker der Frauenemanzipation einer so unmaterialistischen Analyse der Frauenfrage anhängen, und ihren Annahmen widersprechende Forschungsergebnisse verschiedener wissenschaftlicher Disziplinen ignorieren, wird ihnen die Sicht für die wirklichen Ursachen der spezifischen Frauenunterdrückung in unserer Gesellschaft eben auch weiterhin versperrt bleiben. Das wird sie hindern, die richtigen Schritte zu einer Veränderung zu tun.

Indem die neueren sozialistischen Theoretiker(innen) dogmatisch rezipieren, was nach wissenschaftlichen Kriterien nicht mehr haltbar ist, und das, was heute überprüfbar ist, nicht überprüfen, sondern es vorziehen, die Klassiker in der Frauenfrage blind nachzubeten, tragen sie nicht unwesentlich zur Unterdrückung der Frau bei!

2. Die marxistische Persönlichkeits- und Entwicklungstheorie

Die vorliegenden empirischen Materialien sind unter sehr unterschiedlichen theoretischen Ansätzen erhoben und ausgewertet worden. So stellt sich für mich die Frage nach einem Instrumentarium, das mir ermöglicht, diese Ergebnisse zu systematisieren und analysieren. Es stellt sich die Frage nach einer Theorie, die den Sozialisationsprozeß begreift als (Re)Produktion des gesellschaftlichen Arbeitsvermögens auf der Grundlage der bestehenden gesellschaftlichen Verhältnisse und somit auch den geschlechtsspezifischen Sozialisationsprozeß als (Re)Produktionsprozeß der bestehenden Geschlechterverhältnisse. D. h. eine wissenschaftliche Theorie, die vom Zusammenhang der Erziehung mit der Totalität der gesamtgesellschaftlichen Produktionsverhältnisse ausgeht, die es ermöglicht, die spezifische Entwicklung des Mädchens (der Frau) zu erklären aus der besonderen Funktion der Frau in unserer Gesellschaft, um die geschlechtsspezifische Arbeitsteilung und das darin enthaltene geschlechtsspezifische Herrschaftsverhältnis als konstituierendes Moment für die Entwicklung des Mädchens mitzureflektieren und damit die Ursachen und die Mechanismen der geschlechtsspezifischen Erziehung aufzuzeigen.

Dies setzt voraus, daß die Menschen, Frauen und Männer nicht als Objekte der Geschichte begriffen werden, sondern als Subjekte ihrer Geschichte. Das bedeutet, daß sie in die Verhältnisse, in denen sie leben, verändernd eingreifen können.

Doch lassen sich die gesellschaftlichen Verhältnisse, und das gilt auch für die Geschlechterverhältnisse, nicht primär im Prozeß der Sozialisation verändern, denn dieser ist den realen Produktionsverhältnissen »nachgesetzt« und spiegelt die Interessen der Herrschenden. Um die geschlechtsspezifische Erziehung zu verändern, müssen zunächst die realen Lebensverhältnisse von Frauen und Männern verändert werden.

Von diesem Zusammenhang der Erziehung mit der Totalität der gesamtgesellschaftlichen Produktionsverhältnisse, d. h. der (Re-) Produktion der bestehenden Verhältnisse im Sozialisationsprozeß, geht nur die historisch-materialistische Theorie der Persönlichkeit aus. Jedoch auch in der marxistischen Persönlichkeits- und Entwicklungstheorie schlägt sich die Konsequenz der allgemeinen unmaterialistischen Analyse sozialistischer Theoretiker in der Frauenfrage nieder. Die marxistische Persönlichkeitstheorie begreift sich selbst als »geschlechtsneutral«, der Begriff »geschlechtsspezifische Verhältnisse« existiert für sie nicht. Die gesellschaftlichen Verhältnisse werden reduziert auf klassenmäßige – und dies in einer Gesellschaft, die ebenso durch klassen- wie durch geschlechtsspezifische Verhältnisse gekennzeichnet ist.

Da marxistische Theoretiker das, was aus den geschlechtsspezifischen gesellschaftlichen Verhältnissen resultiert, als biologisch verursacht, als »natürlich« betrachten (›naturwüchsige geschlechtsspezifische Arbeitsteilung‹), wird es in dieser Theorie zwangsläufig nicht explizit erfaßt, da sogenannte »biologische« Merkmale in den marxistischen Persönlichkeitsbegriff nicht eingehen. Auf das Dilemma in der marxistischen Persönlichkeitstheorie, das daraus entsteht, daß sie zwar die Persönlichkeitsstruktur ›des Menschen‹ als Ausdruck der gesellschaftlichen Verhältnisse erklären will, die geschlechtsspezifischen Unterschiede in der Persönlichkeit jedoch biologisch bestimmt, gehe ich hier nicht näher ein. Zu diesem Thema liegt jedoch eine Arbeit vor, die eine exemplarische Kritik der marxistischen Persönlichkeitspsychologie leistet: Argumente aus der Frauenbewegung. Eine Festschrift auf die marxistische Theorie der Weiblichkeit oder wie Dannhauer dem Weibe marxistisch seine natürliche Bestimmung zurückerobert. Von Christiane Engeler und Angelika Ramshorn (1976).

Ich gehe jedoch davon aus, daß es möglich ist, die geschlechtsspezifische Problematik mit dem marxistischen Erklärungsansatz zu erfassen. Daß dies bisher nicht geschehen ist, zeigt nur, wie weit sich die patriarchalischen Interessen der bisherigen sozialistischen Theoretiker zur Frauenfrage in ihre Theorie eingeschlichen haben.

Definition der Persönlichkeit

Für marxistische Theoretiker wird die Persönlichkeit – ganz allgemein ausgedrückt – durch das Ensemble der gesellschaftlichen Verhältnisse bestimmt. Der Mensch ist zwar ein biologisch-soziales Wesen, doch gehen die biologischen Merkmale nicht als solche in den Persönlichkeitsbegriff ein; dieser Begriff bezieht sich vielmehr nur auf die gesellschaftlich bedeutsamsten Denk- und Verhaltensweisen.

Zur Bestimmung des Wesens einer Persönlichkeit müssen wir zum einen die Gesamtheit der gesellschaftlichen Verhältnisse betrachten und zum anderen die Persönlichkeit konkret, sowohl als Objekt wie auch als Subjekt der gesellschaftlichen Verhältnisse (da die gesellschaftlichen Verhältnisse nicht losgelöst sind von der Einwirkung des Menschen, sondern selbst das Produkt der Tätigkeit lebendiger Persönlichkeiten sind[1]).

Da die gesellschaftlichen Verhältnisse historisch konkret als klassenmäßig sowohl wie als geschlechtsmäßig zu begreifen sind, muß die Persönlichkeit von diesem Aspekt ihrer Bestimmung her betrachtet werden.

Das geschah, wie bereits angedeutet, bisher nicht. Selbst die eingestandenen gesellschaftlich bedingten geschlechtsspezifischen Merkmale gehen bisher nicht in die allgemeinen Prämissen der marxistischen Persönlichkeits- und Entwicklungstheorie ein. Der geschlechtsspezifische Faktor der Persönlichkeitsentwicklung entfällt total.

Es finden sich höchstens Definitionen, wie die folgende von K. K. Platonov: »Die Persönlichkeit ist der konkrete Mensch, als Subjekt der Erkenntnis und Veränderung der Welt, der die rechtlichen, sittlichen und ethischen Normen seiner Gesellschaft, seiner Klasse und mitunter auch einer kleinen Gruppe repräsentiert.«[2]

Die Persönlichkeit ist nicht ahistorisch, denn sie lebt und entwickelt sich unter bestimmten konkreten historischen Bedingungen. Sie ist ein gesellschaftliches Wesen, dessen maßgebliche Eigenschaften, Fähigkeiten, Äußerungen und Besonderheiten Produkt ihrer Gesellschaft, ihrer Zeit, ihrer sozialen Position und Funktion sind. Sie ist also ein Mensch (Frau oder Mann) mit allen entsprechenden psychischen Kräften und Eigenschaften, die seine praktische Tätigkeit steuern und die bestimmt wird durch die je konkrete Funktion (der Geschlechter) im gesellschaftlichen Produktions- und Reproduktionsprozeß. Da Frauen und Männer verschiedene Funktionen in unserer heutigen Gesellschaft haben, wird ihre Persönlichkeit auch entsprechend diesen Funktionen spezifisch bestimmt. »Jede Persönlichkeit ist ein denkendes, bewußtes Wesen . . ., das eine bestimmte Stellung in der Gesellschaft einnimmt und bestimmte Funktionen ausübt.«[3] Der erwachsene Mensch besitzt ein Bewußtsein, das Ziele setzt, die er anstrebt, und das Ausdruck jener realen gesellschaftlichen Verhältnisse ist, in denen er selbst lebt.

Die Persönlichkeit ist also ihrem Wesen nach dynamisch; ihre Veränderbarkeit hängt vor allem ab von der Gesellschaftsordnung, der Zugehörigkeit zu einem Geschlecht, der Klassenzugehörigkeit. Die Dynamik ermöglicht es, zielgerichtet auf die Eigenschaften und Fähigkeiten der Persönlichkeit einzuwirken.

Diese Dynamik und die Tatsache, daß die Persönlichkeit bestimmt wird durch die Aneignung der gesellschaftlichen Erfahrung und sie zugleich als Potenz zur Veränderung und Herstellung neuer gesellschaftlicher Verhältnisse zu begreifen ist, ist von großer praktischer Bedeutung für jene Erziehung, die auf eine bewußte, tätige Umgestaltung des Vorgefundenen zielt.

Wenn all dies in eine Theorie der Persönlichkeit aufgenommen wird, ist es möglich, die Bestimmungselemente aufzuzeigen, die die »geschlechtsspezifische Persönlichkeit« bzw. die Persönlichkeit der Geschlechter ausmachen. Sie zeigt die Bedeutung der gesellschaftlichen Verhältnisse und der spezifischen Funktion der Geschlechter im gesellschaftlichen Produktions- und Reproduktionsprozeß für die geschlechtsspezifische Entwicklung von Frauen und Männern, die Abhängigkeit des konkreten Sozialisationsprozesses von den konkreten gesellschaftlichen Verhältnissen.

Dies ermöglicht es, Frauen nicht als Opfer ihrer Biologie zu begreifen, sondern als Opfer konkreter gesellschaftlicher Zwänge aufgrund geschlechtsspezifischer Funktionszuweisung als Hausfrau und Mutter und spezifisch »weiblicher« Tätigkeiten im Beruf[4].

Doch Frauen sind nicht willenlose Objekte der Geschichte, sondern Subjekte ihrer eigenen Geschichte. Wenn sie ihre Funktion in dieser Gesellschaft infrage stellen und sich gegen sie wenden, sind sie gleichzeitig Potenz zur Veränderung unserer gesellschaftlichen Verhältnisse.

Persönlichkeits-Entwicklung
nach dem Aneignungskonzept

Hauptanliegen meines Buches ist, anhand der vorliegenden Materialien zu dokumentieren, durch welche Mechanismen die wesentlichen »weiblichen« und »männlichen« Eigenschaften und Fähigkeiten, (re)produziert, entwickelt werden.

Dazu bedarf es eines Erklärungsansatzes, der die Entwicklung, die Sozialisation als determiniert durch die konkreten gesellschaftlichen Verhältnisse begreift. Dies ermöglicht in begrenztem Rahmen das Konzept der »Aneignung«. Es ist ein für sozialistische Gesellschaften entwickeltes Konzept, dessen unmittelbare Anwendung auf die bürgerliche Gesellschaft nur begrenzt möglich ist. Ich werde im folgenden zuerst das »Aneignungskonzept« darlegen, um es dann in seiner Begrenzung für die bürgerliche Gesellschaft näher zu fassen.

Dieses Konzept begreift sich von seiner Grundprämisse als geschlechtsneutral, ignoriert die Geschlechtsverhältnisse und auch die geschlechtsspezifischen Entwicklungsbedingungen.

Sowjetische Psychologen haben fundamentale Werke zur psychischen Entwicklung der Menschen geschrieben[5]. Sie sind jedoch nirgends explizit auf die spezifischen Entwicklungsbedingungen von Frauen und Männern eingegangen. Diese Geschlechtsneutralität ist jedoch nur scheinbar, denn bei genauerem Hinsehen stellt sich das Neutrum als das männliche Prinzip dar, die Frau als die Abweichung von diesem Prinzip. Dennoch ermöglicht es dieser Theorieansatz, die spezifischen Bedingungen der Entwicklung von Frauen und Männern in die Theorie zu integrieren.

Ich werde es im folgenden Kapitel versuchen.

Der Mensch wird nicht als fertige »Persönlichkeit« geboren – weder als »weibliches« Wesen noch als »männliches« Wesen. Menschen entwickeln sich in ihrer Ontogenese (Individualentwicklung), d. h. im Prozeß der aktiven Auseinandersetzung mit ihrer gesellschaftlichen, geschlechts- und klassenspezifischen Umwelt durch die Aneignung der spezifischen gesellschaftlichen Bedingungen, indem sie mit diesen in Form von gesellschaftlichen Erfahrungen, die in Dingen und Handlungen vergegenständlicht sind, konfrontiert werden. Diese haben sich unter dem Einfluß der verschiedensten ökonomischen und ideologischen Bedingungen entwickelt, also entsprechend den gesellschaftlichen Verhältnissen in ihrer konkreten historischen Form. Für die Entwicklung der Persönlichkeit der Geschlechter bedeutet dies: sie verläuft entsprechend der mit ihrer geschlechts- und klassenspezifischen

Funktion verbundenen verschiedenen ökonomischen und ideologischen Bedingungen. Aus dieser setzen sich die objektiven Bedingungen für die Lebenstätigkeit der Persönlichkeit von Frauen und Männern zusammen.

Welcher Art ist das Verhältnis des Menschen (der Frau, des Mannes) zu seiner Umwelt, die er sich im Verlaufe seiner Ontogenese aneignet? »Die tatsächliche Umwelt, die das menschliche Leben am meisten bestimmt, ist eine Welt, die durch die menschliche Tätigkeit umgewandelt wurde. Als eine Welt gesellschaftlicher Gegenstände, die die im Laufe der gesellschaftlichen-historischen Praxis gebildeten menschlichen Fähigkeiten verkörpern – wird diese dem Individuum nicht unmittelbar gegeben, in diesen Eigenschaften offenbart sie sich jedem einzelnen Menschen als Aufgabe. Selbst die einfachsten Werkzeuge und Gegenstände des täglichen Bedarfs, denen das Kind begegnet, müssen von ihm in ihrer spezifischen Qualität erschlossen werden. Mit anderen Worten: Das Kind muß an diesen Dingen eine praktische kognitive Tätigkeit vollziehen, die der in ihnen verkörperten menschlichen Tätigkeiten adäquat ist . . .«[6]

Leontjew bezeichnet diese Tätigkeit als *Aneignung*. Charakteristisch für sie ist, daß das Individuum nur durch ihre Vermittlung in einem stets aktiven Prozeß in die Lage versetzt wird, in den Errungenschaften der phylogenetischen (menschheitsgeschichtlichen) Entwicklung seine »wahre menschliche Natur, deren Eigenschaften und Fähigkeiten, zutage treten zu lassen, die aus der gesellschaftlich-historischen Entwicklung der Menschheit resultieren und objektive Form erlangt haben«[7].

So ist also die tatsächliche Umwelt, die das menschliche Leben am meisten bestimmt, eben auch eine Welt, die entsprechend der unterschiedlichen Funktion der Geschlechter in unserer Gesellschaft geschlechtsspezifisch vermittelt wird. Selbst die einfachsten Werkzeuge und Gegenstände des täglichen Bedarfs, denen Mädchen und Jungen begegnen, können nur in ihrer spezifischen Qualität erschlossen werden. Mit anderen Worten: die Mädchen und Jungen müssen an diesen Dingen eine praktische kognitive Tätigkeit vollziehen, die den in ihnen verkörperten »weiblichen« oder »männlichen« Tätigkeiten adäquat ist.

Was ist nun dieser Aneignungsprozeß?

Zu den Dingen der Umwelt, die sich Frauen und Männer im Laufe der Ontogenese aneignen, gehören nicht nur materielle, sondern auch ideelle gesellschaftliche Produkte (die nach Marx auch durch die Vergegenständlichung menschlicher Wesenskräfte entstanden sind). Zu diesen ideellen gehören sowohl die erlebten Sozialbeziehungen, als auch die im Medium der Sprache fixierten und über sie vermittelten Anschauungen (z. B. »Ein Mädchen pfeift nicht«), durch deren Aneignung das Mädchen und der Junge bestimmte Haltungen erwerben, die für ihr Geschlecht charakteristisch sind. Denn der einzelne entwickelt sein Verhältnis zur Gesellschaft vor allem über seine mannigfachen Gemeinschaftsbeziehungen, die für ihn stets als gegliederter Organismus in Form von Familien, Freundschaftsgruppen, Gemeinden, Betrieben, gesellschaftlichen Organisationen usw. als zugleich geschlechtsspezifisch organisierte existieren.

Wie ist nun die Beziehung zu den materiellen gesellschaftlichen Produkten? Nach Leontjew ist für den Menschen »ein Werkzeug nicht schlechthin ein Ding von bestimmten Eigenschaften, sondern ein Gegenstand, in den gesellschaftlich geschaffene Arbeitsverfahren und -operationen fixiert sind. Die adäquate Beziehung des Individuums zum Werkzeug äußert sich darin, daß es sich – praktisch oder theoretisch – die in ihm fixierte Operation aneignet und seine menschlichen Fähigkeiten daran entwickelt«[8].

So bekommt z. B. das Mädchen nicht einfach eine Puppe oder Küchengeschirr, sondern die Eltern und Erzieher vermitteln ihm zugleich die entsprechenden Inhalte (Puppe gleich wiegen, waschen, füttern usw.). Puppe, Küchengeschirr oder Werkzeugkasten sind also nicht einfach Dinge von bestimmter Form und mit bestimmten Eigenschaften, sondern Gegenstände, in denen gesellschaftlich geschaffene Arbeitsverfahren und -operationen fixiert sind. Die adäquate Beziehung der Mädchen (der Jungen) zu diesen Gegenständen äußert sich daran, daß sie sich – praktisch und theoretisch – die in ihnen fixierten Operationen – Essen, Kochen, Spülen, Nagel einschlagen – aneignen und somit spezifisch »weibliche« oder »männliche« Fähigkeiten daran entwickeln.

So verkörpert der Aneignungsprozeß das wichtigste ontogenetische Entwicklungsprinzip des Menschen (der Frau, des Mannes). Er (re)produziert die historisch gebildeten geschlechtsspezifischen Eigenschaften und Fähigkeiten, die geschlechtsspezifische Arbeitsteilung im Produktions- und Reproduktionsprozeß – die geschlechtsspezifischen Herrschaftsverhältnisse.

Frauen und Männer übernehmen im Laufe ihrer Entwicklung jedoch nicht einfach die gesellschaftlichen Produkte ideeller und materieller Art, sondern sie produzieren sie, schaffen sie sich selbst neu. Dies bedeutet, daß die Fähigkeiten und Eigenschaften, die sich bei Frauen und Männern während des Entwicklungsprozesses einstellen, psychische Neubildungen sind, für die die natürlichen Mechanismen und Prozesse des Menschen nur notwendige subjektive Voraussetzungen sind, die ihr Entstehen ermöglichen;

als solche bestimmten sie jedoch weder ihren Bestand, noch ihre Eigenart.

Da die Ontogenese von Frauen und Männern keine Adaption, also keine einfache Anpassung an ihre Umwelt ist, können die Menschen, indem sie verändernd auf ihre Persönlichkeitsstruktur einwirken, auch so verändernd auf die gesellschaftlichen Verhältnisse Einfluß nehmen.

Entwicklungs»phasen« der Persönlichkeit

Frauen und Männer eignen sich also in den einzelnen Entwicklungsstadien[9] ihrer Ontogenese aktiv die gesellschaftlichen Produkte an, die sowohl materieller als auch ideeller Art sind, und entwickeln so ihre spezifischen »weiblichen« oder »männlichen« Fähigkeiten und Eigenschaften. Doch nicht alle Arten der Tätigkeiten sind in den einzelnen Entwicklungsstadien gleichbedeutend. Nicht alle Formen der Tätigkeit sind in jedem Lebensalter, d. h. in jeder Stufe der Entwicklung und bei beiden Geschlechtern gleichmäßig repräsentiert. Manche von ihnen dominieren in einem bestimmten Zeitabschnitt oder haben größere Bedeutung für die weitere Entwicklung der Mädchen, der Jungen als andere.

In jeder Stufe der psychischen Entwicklung der Mädchen und Jungen läßt sich ihre Beziehung zur Wirklichkeit durch eine jeweils dominierende Tätigkeitsart charakterisieren. Da in einer bestimmten Stufe eine Tätigkeitsart überwiegen kann, sollte man nicht undifferenziert von einer Abhängigkeit der psychischen Entwicklung und der Tätigkeit sprechen, sondern von der Relation zwischen besonderen Entwicklungsphasen und dominierender Tätigkeit.

Zur Bestimmung einer dominierenden Tätigkeit ist der quantitative Aspekt allein nicht entscheidend: die Tätigkeit, der sich das Kind in einer bestimmten Entwicklungsstufe am längsten widmet, muß damit noch nicht dominierend sein. Nicht die Häufigkeit einer bestimmten Tätigkeit bei gegebener Entwicklungsstufe macht sie zur dominierenden Tätigkeit, sondern ihre spezifische Funktion für die weitere Entwicklung. D. h. die Funktion für die weitere Entwicklung hinsichtlich der spezifischen, gesellschaftlichen Funktionen, die Mädchen (oder Jungen) ausüben sollen. Ändert sich die dominierende Tätigkeit, so ist damit der Übergang von einer Entwicklungsstufe zur nächsthöheren (oder, falls man pathologische Entwicklungsbedingungen nicht ausschließen kann, auch zu einer niedrigeren) markiert.

Welche Bedingungen entscheiden darüber, welche Tätigkeiten in einer bestimmten Entwicklungsperiode dominierend sind?

Die konkreten historischen Bedingungen, die jeweils geschlechtsspezifische Arbeitsteilung, die Herrschaftsverhältnisse, die gesellschaftlichen Funktionen, die Frauen und Männer unter diesen
Bedingungen haben, bestimmen und beeinflussen den konkreten
Inhalt der einzelnen Entwicklungsstufen, wie auch den gesamten
Verlauf der psychischen Entwicklung. Das heißt, daß die ge-
schlechts- und klassenspezifischen Bedingungen des jeweiligen
konkreten historischen Stadiums den besonderen Inhalt der einzelnen Entwicklungsstufen bedingen.
Dauer und Inhalt der Entwicklungsstufen, die Frauen und Männer auf die geschlechts- und klassenspezifische Arbeit – ihr gesellschaftliches Leben vorbereiten, sind im Laufe der Geschichte
keineswegs immer gleich gewesen. Das zeigt sich z. B. daran, daß
die Kleinkindphase und die Schulzeit sich in ihrem zeitlichen
Umfang von Epoche zu Epoche verändert hat, in dem Maße, in
dem die Forderungen der Gesellschaft an diese Entwicklungsperiode wachsen.
Die zeitliche Reihenfolge und vor allem Inhalt und Dauer der
einzelnen Entwicklungsphasen – wie ich sie im folgenden in
meiner Arbeit darstelle, besitzen weder transkulturelle Gültigkeit
noch zeitlose Gültigkeit. Dieser Tatsache tragen oft sozialistische Theoretiker nicht genügend Rechnung. Sie tendieren sogar
zu einer sehr ethnozentrischen Sichtweise, indem sie die heutige
Entwicklungsphase als eine allgemein höhere Entwicklung klassi-
fizieren. Ich werde im folgenden die Entwicklungsstufen der
marxistischen Entwicklungstheorie übernehmen, mich an die
Einteilung in Stufen halten, da die meisten Forschungen, die ich
verwende, sich auch in etwa an ihnen orientieren.
Die zeitliche Reihenfolge, Dauer und Inhalt der Entwicklungsstufen wird (neben der Klassenzugehörigkeit) durch die Funktion
der Geschlechter, die spezifische Arbeitsteilung und die Herrschaftsverhältnisse zwischen den Geschlechtern in den konkret
historischen Verhältnissen bestimmt.

Zum Problem des Aneignungskonzepts

Es zeigt sich, daß dieses Konzept für bürgerliche Gesellschaften
nur begrenzt anwendbar ist und für meine Arbeit nur eine Hilfskonstruktion sein kann: ein Hilfsmodell zur Erfassung und Systematisierung des empirischen Materials.
Zunächst ist »Aneignung« gesellschaftliche Aneignung der Natur
durch den Menschen. »Was in der Psychologie als ›Aneignung‹
begriffen wird, ist in seiner gesellschaftlichen Realität nichts

anderes als die gesellschaftliche (Re)produktion der gesellschaftlichen Individuen.«[10] Dieser Reproduktion ist ein bestimmter Stand (oder eine bestimmte Form) der gesellschaftlichen Verhältnisse, wie Naturaneignung vorausgesetzt. Somit sind in der bürgerlichen Gesellschaft diesem Reproduktionsprozeß der gesellschaftlichen Individuen immer die konkreten gesellschaftlichen Verhältnisse –, und dies sind auch geschlechtsspezifische Verhältnisse – vorausgesetzt. »Die Individuen werden produziert als solche, denen ihre Tätigkeitsform als fremde und undurchsichtige Mächte gegenübertreten«[11], d. h. daß sich »hinter ihrem Rücken« die gesellschaftlichen Verhältnisse durchsetzen, die geschlechtsspezifischen wie die klassenspezifischen. »D. h. die Verkehrung von Subjekt und Objekt, die die bürgerliche Gesellschaft konstituiert, macht sich auch im individuellen Reproduktionsprozeß darin geltend, daß ihr Subjekt letztlich das Kapital, und das scheinbar freihandelnde Individuum sein Objekt ist, das es sich gewissermaßen nach seinem Bilde schafft.«[12]

Da das Kapitalverhältnis auch die Produktivkraft der gesellschaftlichen Arbeit entwickelt, beinhaltet die von ihm geforderte gesellschaftliche Reproduktion des Arbeitsvermögens auch immer ein Moment einer Entwicklung der individuellen Arbeitskraft an das von dem historischen Stand der Produktivkräfte erreichte durchschnittliche Niveau. »Daraus, und aus der Tatsache, daß der ganze Prozeß wesentlich vermittelt ist über die formell freie, nicht explizit angeleitete Tätigkeit des einzelnen Individuums, ergibt sich der Schein, das einzelne Individuum mache sich (als Subjekt) zum Herrn der gesellschaftlichen Produktivkräfte, während es umgekehrt ist.«[13]

»Wichtig ist allerdings die Einsicht, daß einerseits der Prozeß durch den gesellschaftlich gegebenen Stand der Produktivkräfte in bestimmten Produktionsverhältnissen determiniert ist, andererseits, daß diese Determination grundsätzlich gerade vermittelt durch die formellfreie Tätigkeit der gesellschaftlichen Individuen erfolgt (im Rahmen der Schulpflicht etc.).«[14] Diese formelle Freiheit ist allerdings illusionär und bietet nur einen relativen Spielraum (über den etwa sozialer Aufstieg durch Bildung zu erklären wäre). So scheint eine unmittelbare Anwendung des Aneignungskonzeptes, das für sozialistische Gesellschaften entwickelt ist, auf bürgerliche Gesellschaften nur mit Bezug auf diesen relativen Spielraum möglich zu sein.

Die benutzten empirischen Studien sind nahezu alle auf der Grundlage des »Sozialisationskonzeptes« durchgeführt worden und des mit ihm eng verbundenen Rollenbegriffs. Obwohl der Rollenbegriff subjektivistisch über Rollenerwartungen definiert ist, und die Frage nach den zugrundeliegenden objektiven Verhältnissen nicht mit berücksichtigt, scheint es doch möglich, an diese Studien kritisch anzuknüpfen.

Dazu schreibt F. O. Wolf: »Gerade die benannte theoretische Schwäche der beiden Konzepte (der unterstellte ursprüngliche Gegensatz von Individuum und Gesellschaft)* ebenso, wie der Subjektivismus in der Auffassung der Formen des gesellschaftlichen Lebens, sind nämlich als (unbewußte) Ausdrücke der spezifischen Realität der bürgerlichen Gesellschaft zu dechiffrieren, in der nämlich die Individuen in der Tat, nicht nur in entfremdeten Verhältnissen leben, sondern auch einem (vermittelten) Herrschaftsverhältnis unterliegen, zu den gesellschaftlichen Verhältnissen im Gegensatz stehen.

Vorausgesetzt, daß materialistisch oder positiv der Sozialisationsprozeß als derjenige Prozeß begriffen wird, durch den die gesellschaftlichen Verhältnisse sich ihre individuellen Träger reproduzieren (dem also nicht nur die fertigen gesellschaftlichen Verhältnisse vorausgesetzt sind, sondern in denen auch Individuen immer schon als gesellschaftliche (re)produziert werden), und der Rollenbegriff als subjektiver Ausdruck objektiver gesellschaftlicher Formen begriffen wird, ist es daher meines Ermessens durchaus möglich, an empirischen Forschungen, die auf dieses Konzept aufbauen, konstruktiv anzuknüpfen.«[15]

---

* Es gibt bekanntlich zwei Versionen des Sozialisationsbegriffes – der eine betont das Hervorgehen der gesellschaftlichen Verhältnisse aus diesem Prozeß (vermittelt durch die potentiell »innovierende« Tätigkeit der Individuen), die andere die schlichte Unterwerfung der Individuen unter die gesellschaftlichen Verhältnisse.

3. Die Entwicklung der geschlechtsspezifischen Persönlichkeit

Bewegt sich der Fötus im Mutterleib, ist aktiv und strampelt, so wird es ein Junge – meint der Volksmund. Noch bevor das Kind überhaupt auf der Welt ist, haben die Eltern also Vorurteile hinsichtlich spezifischer Verhaltensweisen und Eigenschaften der Geschlechter. »Es ist ein Mädchen«, oder: »Es ist ein Junge« – diese Worte der Hebamme oder des Arztes sind der Beginn eines Prozesses geschlechtsspezifischer Sozialisation, der nie ganz enden wird. Denn die Annahme der geschlechtsspezifischen Rolle ist kein einmaliger Akt, ist nicht durch die Biologie determiniert. Es ist vielmehr ein kontinuierlicher Prozeß des Erwerbs geschlechtsspezifischer Fertigkeiten und Eigenschaften. (Dieser Prozeß ist zwar in einem bestimmten Stadium der Entwicklung relativ abgeschlossen, doch er wird perpetuiert durch die konkrete gesellschaftliche Realität der geschlechtsspezifischen Arbeitsteilung und Herrschaftsverhältnisse in Produktion wie Reproduktion.)

Das neugeborene Mädchen (der neugeborene Junge) selbst weiß noch nichts vom Problem seines Geschlechts. Die, welche es erziehen werden, haben jedoch bereits in diesem Stadium ein genaues Bild vom Idealtyp eines Mädchens oder eines Jungen. Die Tochter oder der Sohn müssen diesem Modell so ähnlich wie nur möglich werden. Um jeden Preis. Und der Preis ist hoch.

Die geschlechtsspezifischen Erwartungen von Erziehern und Umwelt an die Kinder führen auf seiten der Erwachsenen zu unterschiedlichen Anforderungen und Behandlung der Kinder und auf seiten der Kinder zu geschlechtsspezifisch unterschiedlichen Erfahrungen. Dem entgehen auch »progressiv« eingestellte Eltern nicht, die vorgeben oder glauben, für Mädchen und Jungen kein unterschiedliches Erziehungsideal zu haben. Resultat ist eine Diskrepanz zwischen der angegebenen Erziehungsideologie und dem tatsächlichen elterlichen Verhalten (wie es durch die Ergebnisse einer Untersuchung von Eva Eckhoff und Jakob Gauslaa belegt wird)[1].

Und dem entkommen auch die nicht, die glauben, es besser zu machen. Von der Stunde der Geburt an werden Menschen zu Frauen und Männern deformiert. Ich werde diesen Prozeß von der Geburt bis zum Schulalter beschreiben. Dabei zeigt sich, daß jeder noch so zaghafte Ausbruchsversuch des Kindes aus der ihm diktierten Geschlechtsrolle bestraft wird. Mädchen haben nicht »männlich« zu sein und Jungen nicht »weiblich«. Das wird ihnen in der Familie ebenso verwehrt wie später in Schule und Beruf und betrifft das kleine Mädchen wie die erwachsene Frau. Reibungsloses Funktionieren der geschlechtsspezifischen Arbeitsteilung und die Akzeptierung der geschlechtsspezifischen Herrschaft sind das Ziel.

Beachtenswert ist dabei, daß eine geschlechtsspezifische Arbeitsteilung, eine Reduzierung und Einengung in die Geschlechtsrolle, zwar beide Geschlechter betrifft, daß die männliche Rolle jedoch als Norm gesetzt wird, an der die weibliche gemessen und für minderwertig befunden wird. Und das ist nicht nur eine Frage der Einschätzung, sondern auch der Realität. Denn die spezifisch weiblichen Tätigkeiten lassen tatsächlich weniger Spielraum für eine umfassende Entwicklung.

Die weibliche Rolle ist konkret minderwertiger als die männliche, im Sinne von begrenzter, eingeengter. Von der Geburt an werden im Prozeß der Sozialisation die konkreten gesellschaftlichen Verhältnisse reproduziert. Es werden die Voraussetzungen für die geschlechts- und klassenspezifische Arbeitsteilung und Herrschaft geschaffen und die bestehenden Verhältnisse werden so immer wieder reproduziert.

Neugeborenenperiode –
Bedeutung sensorischer Stimulation

Allgemeine Darstellung des Entwicklungsstadiums

Die Neugeborenenperiode ist die Übergangsperiode von der intrauterinen (innerhalb der Gebärmutter) zur extrauterinen Daseinsweise. In dieser Periode, d. h. in den ersten zwei bis drei Lebenswochen, gibt es noch keine deutliche Abgrenzung zwischen Schlaf- und Wachzustand[2]. Da das Neugeborene noch nicht die Fähigkeit besitzt, Gegenstände der Umgebung wahrzunehmen, ist es auch nicht fähig zu zielgerichteten Aktivitäten. Die Bewegungen, die es vollzieht – Öffnen des Mundes, Hin- und Herwenden des Kopfes, Schreien – sind lediglich die Entfaltungen eines Systems von Bewegungen, die mit den entsprechenden Instinktmechanismen zusammenhängen.

Das Neugeborene lebt also in dieser Periode hauptsächlich aufgrund seiner Reflex- und Instinkttätigkeit. Bei der Befriedigung aller seiner Bedürfnisse, wie Nahrung, Bewegung, Wärme, hängt es total von den Erziehungspersonen ab. Der Kontakt des Neugeborenen zur Umwelt wird durch die spezifische Form der Befriedigung seiner primären Bedürfnisse geprägt. Allmählich tritt die Wahrnehmung einiger äußerer Reize hinzu, das heißt spezifische sensorische Stimulationen, auf die das Neugeborene wiederum mit den entsprechenden unbedingten Reflexen reagiert. Hierdurch wird allmählich der Übergang zu einer neuen Art der Wechselbeziehung mit der Umwelt vorbereitet.

In diesen Bereichen der Befriedigung der primären Bedürfnisse und des Beginns der Wahrnehmung äußerer Reize spielen sich für das Kind die ersten Begegnungen mit den Erziehungspersonen ab. Hier machen sich die geschlechtsspezifischen Erwartungen der Erziehungspersonen geltend. Hier beginnt die Konditionierung des Kindes. Hier werden geschlechtsspezifische Fähigkeiten und Eigenschaften angelegt, geschlechtsspezifische Erfahrungen vermittelt.

Allgemeine Bedeutung und Konsequenzen taktiler und kinästhetischer Stimulation und geschlechtsspezifische Behandlung des neugeborenen Kindes

In den ersten Lebenswochen ist die Haut das wesentlichste Organ für die Aufnahme *sensorischer Reize* (Sinnesreize). Somit ist in dieser Zeit vor allem die *taktile* (den Tastsinn betreffende) und *kinästhetische* (Bewegungsempfindung) *Stimulation* von Bedeutung (neben der Nahrungsaufnahme). Dem Stellenwert taktiler Stimulation ging neben vielen anderen Forschern[3] auch Casler 1965 und 1968 in experimentellen Versuchen nach. Er schreibt: »Eine Gruppe von Heimkindern erhielt 10 Wochen lang täglich 20 Minuten lang zusätzliche taktile Stimulation. Diese Gruppe konnte in dieser Zeit eine weit wesentlichere Zunahme kognitiver (Erkenntnis und Wahrnehmung betreffende) und sozialer Fähigkeiten erreichen, als die nicht stimulierte Vergleichsgruppe«[4].

Werden also Kinder in der Neugeborenenperiode taktil stimuliert, so haben sie bessere Bedingungen für die (frühe) Entwicklung kognitiver und sozialer Fähigkeiten. Geschieht dies nicht oder in geringerem Maße, so haben sie eben schlechtere Bedingungen für die Entwicklung dieser Fähigkeiten, d. h. sie werden sie wahrscheinlich – je nach weiterem Stimulationsverlauf – nur später oder weniger ausgeprägt entwickeln können.

Nun gibt es zur generellen Bedeutung taktiler Stimulation zwar einige Untersuchungen, zur Frage eventueller geschlechtsspezifischer taktiler Stimulation jedoch existiert, soweit mir bekannt ist, nur eine Studie. Das ist die von H. A. Moss[5]. Diese Untersuchung zeigt, daß Mütter die neugeborenen Jungen im Alter von drei Wochen (Zeitpunkt der Beobachtung) im Zeitraum von acht Stunden durchschnittlich 27 Minuten länger aus dem Bett und in die Arme nehmen, als sie es mit Mädchen im selben Alter tun. Diese Differenz hält an, und im Alter von drei Monaten (nächster Beobachtungszeitpunkt) ist sie zwar geringer, beträgt aber immerhin noch 14 Minuten pro acht Stunden zugunsten der männlichen Säuglinge. Es ist zu vermuten, daß die beobachteten Mütter selbst über das Resultat erstaunt waren und ihnen selbst nicht bewußt ist, daß sie Jungen schon auf dieser Ebene bevorzugen.

Nicht untersucht wurde bisher das Verhalten der Väter in diesem Bereich. Es ist anzunehmen – müßte jedoch untersucht werden –, daß es ähnlich, ja vielleicht sogar gravierender ist. Neuere Untersuchungen[6] in anderen Entwicklungsstadien zeigen, daß sich Väter in bezug auf die Geschlechterrollen-Erziehung konservativer verhalten als Mütter.

Nun könnte man fragen: Kann man dieses unterschiedliche taktile Verhalten der Erziehungspersonen überhaupt als geschlechtsspezifische Erziehung betrachten? Vielleicht reagiert die Mutter damit nur auf das Verhalten des Neugeborenen, denn in der Stichprobe von Moss schliefen die männlichen Neugeborenen weniger und waren irritabler. Ist das nicht vielleicht der Grund für die geschlechtsspezifische Behandlung und nicht das Resultat? Dazu Moss: »Die Mütter tendierten allerdings selbst bei Babies, die sich im gleichen Zustand befanden, dazu, die männlichen Babies mehr zu stimulieren und anzuregen durch taktile als auch visuelle Stimulation. Umgekehrt reagierten sie auf die weiblichen Babies mehr mit Imitation als bei den männlichen – indem sie die Bewegungen und Geräusche an sie zurückgaben.«[7]

Das heißt, weibliche Babies werden akustisch auf sich selbst zurückgeworfen, werden nicht gefordert, lernen wenig Neues, während an männliche Säuglinge akustisch Neues herangetragen wird. Auch das geschieht aller Wahrscheinlichkeit nach unbewußt.

Es liegt nahe, daß das unterschiedliche Verhalten der Mütter im Bereich taktiler Stimulation nicht etwa Reaktion, sondern Aktion ist. Erziehungspersonen behandeln Mädchen und Jungen bereits in der Neugeborenenperiode unterschiedlich und bewirken damit erst das unterschiedliche Verhalten der Geschlechter. Sie reagieren schon in diesem Stadium auf das Verhalten des Kindes voreingenommen und beeinflussen es, indem sie bestimmte Verhaltensweisen verstärken und andere behindern.

Geschlechtsspezifische Differenzen in der Behandlung des Neugeborenen zeigen sich auch in einem anderen sensorischen Bereich, dem *kinästhetischen Bereich*. Auch dieser ist in den ersten Lebenswochen sehr wichtig. Deprivation auf diesem Gebiet (z. B. durch Strampelsack, Festbinden) verhindern oder beengen Bewegungen (wie Kriechen und Krabbeln) und sind für das Kind eine Restriktion körperlich notwendiger Bewegung. Die Folgen einer geringeren oder eingeengten kinästhetischen Stimulation sind geminderte körperliche Aktivität, Einschränkungen der Entwicklung (Behinderung) im kognitiven Bereich (Nachweise auch bei Lehr und Casler[8]).

Daß auch in diesem Bereich geschlechtsspezifische Differenzen vorzufinden sind, belegt unter anderem auch Murphy; er spricht dabei von einer »limitation of vigorous motor discharges«.[9]

Das bewegungseingeschränkte Kind ist in der Wahrnehmung seiner Umwelt gehindert und kann dadurch nicht in dem Maße Erfahrungen sammeln, wie eine günstige intellektuelle Entwicklung es erfordert.

Neugeborene Mädchen werden also nicht nur im Bereich taktiler und kinästhetischer Stimulation benachteiligt, sondern häufig auch in ihrer Motorik eingeengt (»Sonst werden sie zu wild!«). Diese Behinderung der weiblichen Säuglinge kann sich zum Beispiel auswirken in einer Verringerung ihrer motorischen Reflextätigkeit. Die Mädchen werden und wirken passiver. Bei Jungen hingegen wird die erhöhte Stimulierung sich in erhöhte motorische Reflextätigkeit auswirken. Sie werden lebhafter.

Neben diesen äußeren Reizeinwirkungen ist das *Stillen* sicherlich das wichtigste Ereignis im Tagesablauf des Neugeborenen. Es wiederholt sich mehrmals am Tag (fünf- bis siebenmal). Darum ist es besonders wichtig zu untersuchen, ob geschlechtsspezifische Differenzen in der Behandlung oder in der Art des Stillens bestehen und wenn ja, welche. Brunet und Lézine[10] haben eine Gruppe von weiblichen und männlichen Säuglingen untersucht. Dabei haben sie besonders auf folgendes geachtet:

– Bruststillen: ja oder nein
– Entwöhnung: zu welchem Zeitpunkt und ab wann gemischte Nahrung, d. h. Flasche und Brust
– Dauer der Mahlzeiten
– Dauer der Pausen während der Mahlzeiten
– Zeitpunkt des Beginns mit dem selbständigen Essen
– Eß- und Schlafschwierigkeiten.

In allen diesen Bereichen haben sie eindeutige geschlechtsspezifische Differenzen gefunden. So stellen sie fest, daß »34% der Mütter es ablehnten, ihre Töchter an der Brust zu stillen, weil sie es als eine erzwungene Arbeit betrachten, oder weil irgendeine Arbeit, der sie den Vorrang geben, sie daran hinderte.«[11] Alle Mütter, mit einer Ausnahme, wollten hingegen ihre Söhne stillen! Dazu die französischen Psychologinnen: »Es mag sein, daß diese Entscheidung durch die verbreitete und auch richtige Überzeugung beeinflußt ist, daß männliche Säuglinge weniger widerstandsfähig und schwächer sind als weibliche … und folglich eher auf Muttermilch angewiesen seien. Aber es kann auch sein, daß der Wunsch mitspielt, sie zu möglichst starken und robusten, d. h. durch und durch männlichen Jungen heranwachsen zu sehen.«[12]

Auch bei diesem elementaren Vorgang, dem Stillen, werden weibliche und männliche Säuglinge unterschiedlich behandelt, d. h. unterschiedlich beeinflußt. Auch hier sicherlich nicht bewußt, sondern eher unbewußt.

Mädchen werden nicht nur seltener gestillt, es ist auch auffallend, daß ihre Mahlzeiten von kürzerer Dauer sind als die der Jungen. So fanden Brunet und Lézine, daß Jungen im Alter von zwei Monaten 45 Minuten für Brusternährung brauchten, Mädchen hingegen nur 25 Minuten. Mädchen im Alter von sechs Monaten bekommen die Flasche für 8 Minuten, die Jungen hingegen für 15 Minuten. Dieser nachweisbare Unterschied in der Stilldauer bei Mädchen und Jungen ist auf die Häufigkeit der Pausen zurückzuführen, die die Mutter, dem Jungen während des Stillens zugesteht. Das ist der Vorgang: Babies saugen zunächst drei- bis viermal und machen danach eine Pause zum Hinunterschlucken. Da der Vorgang des Saugens nicht nur die Gesichts- und Mundmuskeln beansprucht, sondern den ganzen Körper des Kindes anspannt, der voll und ganz mitwirkt (mit einer beachtlichen, emotionalen Spannung und einem großen Energieaufwand), ist das Saugen für das Baby äußerst anstrengend und zwingt es oft dazu, wieder Atem zu holen und Kräfte zu sammeln. Die Pausen, deren Häufigkeit und Dauer werden bestimmt durch das Maß der Verfügbarkeit der Mutter bzw. der Erziehungsperson und ihrer emotionalen und psychischen Teilnahme am Stillen. Die Dynamik des Saugens und Schluckens wird vom Erwachsenen verstanden, sie gehört auch zu seinem Rhythmus und »ihre Funktion ist klar: Saugen und Runterschlucken. Die Pause erscheint uns dagegen jedoch als unnütze Zeitverschwendung, als gewollte Faulheit des Babies (›es ist sehr faul‹, sagen die Mütter oft, wenn sie das Wesen, das von ihnen gefüttert wird, nur autoritär sehen)«[13].

Dem Kind die Freiheit zuzugestehen, sich auszuruhen, bedeutet, es als ein Wesen anzuerkennen, das durch seinen eigenen Rhythmus, durch seine individuellen Bedürfnisse gekennzeichnet ist. Gerade in diesen ersten, scheinbar unbedeutenden Zugeständnissen an seine Autonomie zeigt sich der Respekt der Erziehungsperson.

Der schnellere Ablauf der Mahlzeiten bei den kleinen Mädchen scheint ziemlich sicher auf das wiederholte Drängen der Erziehungspersonen zurückzuführen zu sein. Sie signalisieren mit allen Mitteln: »Beeil dich«. So wenden sie zum Teil eine recht gewalttätige Methode gegenüber dem kleinen Mädchen an: sie verkürzen einfach die Pausen zwischen Runterschlucken und dem nächsten Saugen. »Es wird geschüttelt, wenn es langsamer trinkt, man zwickt es in die Backe, manchmal wird das Kind sogar in einer unbequemen provisorischen Haltung gestillt, aus der es sich nicht befreien darf.«[14] Oft halten sie ihm in der Pause die Nase zu, damit es wieder den Mund öffnen muß und sie erneut den Flaschenschnuller hineinstecken können.

Diese Pause wird dem Jungen von der Mutter eher zugestanden als dem Mädchen. Bei ihm akzeptieren die Mütter den ihm eigenen Rhythmus, beim Mädchen nicht. Die französischen Psychologinnen vermuten, daß das etwas mit der unbewußten Achtung der Frauen vor der männlichen Autorität zu tun habe. Das heißt, schon die Mutter akzeptiert in ihrem Neugeborenen den Mann und gesteht ihm seinen eigenen Willen zu – bricht jedoch diesen eigenen Willen beim Mädchen.

Es ist nicht schwer, Kinder in diesem Alter dazu zu bringen, ihre Mahlzeiten zu beschleunigen. Dieser Drill wird den kleinen

Mädchen bereits in den ersten Lebenswochen aufgezwungen. Nach einiger Zeit ist der massive Zwang von außen nicht mehr nötig, das Mädchen hat die Forderung verinnerlicht, ist schnell geworden. Brunet und Lézine schließen daraus, daß das Bedürfnis, das Kind zu zähmen, bei der Mutter stärker sei, wenn es sich um ein Mädchen handelt. Der Junge sei hingegen, obwohl klein und wehrlos, bereits Symbol einer Autorität, der die Mutter selbst unterworfen ist.

Mädchen werden nicht nur weniger und rascher gestillt, sondern auch im allgemeinen früher *entwöhnt*. Brunet und Lézine: »Alle Mädchen waren schon im Alter von drei Monaten völlig entwöhnt. Die gemischte Ernährung (Brust, Flasche) hatte bei ihnen schon im Alter von 1½ Monaten eingesetzt. Während 30% der kleinen Jungen dagegen über den vierten Monat hinaus gestillt werden und für 20% die gemischte Ernährung bis zum achten Monat dauert.«[15]

Diese Ergebnisse werden übrigens auch durch Ergebnisse der bereits zitierten norwegischen Studie bestätigt.[16] Von der Flasche werden Mädchen bereits im Alter von 12 Monaten und Jungen im Alter von 15 Monaten entwöhnt.

Ein weiteres Symptom zeigt den größeren Drill bei kleinen Mädchen. Brunet und Lézine beobachteten, daß Mädchen früher als Jungen selbständig essen, und zwar »zwischen 24 und 30 Monaten, während die meisten Jungen dieser Gruppe sich bis zum Alter von 4 bis 5 Jahren helfen lassen«.[17] Es wird deutlich, daß es sich nicht nur um kleine Differenzen handelt, sondern bereits um eine grundsätzliche Benachteiligung und Weichenstellung mit schweren Folgen für die Entwicklung der kleinen Mädchen.

Auf seiten der kleinen Jungen wird von Anfang an eine relative Autonomie gewährt und gefördert[18]. Auf seiten der kleinen Mädchen hingegen wird diese Autonomie gebrochen und Anpassung und Unterordnung unter einen fremden Willen gefordert. Auffallend dabei ist, daß die »mädchenspezifischen« Fertigkeiten und Eigenschaften die Erziehungspersonen von Arbeit entlasten. So werden sie früher als Jungen nicht mehr gefüttert, machen nicht so häufig die Windeln naß und müssen weniger intensiv bei lebhaften körperlichen Aktivitäten beaufsichtigt werden.

Die Tatsache, daß kleine Mädchen bereits in diesem Alter in ihrer Persönlichkeitsentwicklung nicht nur behindert, sondern schon geschädigt werden, zeigt sich beispielsweise deutlich in Eß- und Schlafschwierigkeiten. Brunet und Lézine berichten über »Schwierigkeiten beim Füttern« bei 94% aller Mädchen, die an der Umfrage beteiligt waren (extrem langsames Essen, Erbrechen, Launenhaftigkeit), dagegen nur bei 40% der Jungen. Die Schwie-

rigkeiten tauchen bei den Mädchen schon ab dem ersten Lebensmonat auf. Ihr Appetit bleibt bis zum sechsten Lebensjahr spärli-
cher, während bei kleinen Jungen Schwierigkeiten dieser Art erst
viel später auftauchen[19].

Säuglingsalter –
erste geschlechtsspezifische Ergebnisse

Wir wissen jetzt, wie wichtig die Bedeutung der sensorischen Stimulation für die Entwicklung des Kindes ist. Je intensiver in den für sie bestimmenden Entwicklungsstadien wichtige Bereiche stimuliert werden, desto günstiger wirkt sich das für die gesamte Entwicklung des Kindes aus. So müssen wir nun zuerst fragen:

– Wie sieht der allgemeine Entwicklungsstand des Kindes beim Übergang zum Säuglingsalter und im Säuglingsalter aus?
– Welche Konsequenzen hat die Stimulierung der jeweils spezifisch wichtigen Bereiche?
– Gibt es in diesen Bereichen geschlechtsspezifische Differenzen in der Behandlung von Mädchen und Jungen?

Allgemeine Darstellung des Entwicklungsstadiums

Der Säugling unterscheidet sich von Neugeborenen besonders durch sein Gefühlsleben. Am Ende des ersten Monats und zu Beginn des zweiten wird der indifferente Zustand von positiven Emotionen abgelöst. Diese Emotionen äußern sich im sogenannten Belebungskomplex. Entsprechend einer Vielzahl von Untersuchungen ist der Übergang vor allem durch einen ziemlich klar abgrenzbaren Wechsel zwischen Schlaf- und Wachzustand gekennzeichnet[20]. Viele Autoren bezeichnen dies als ein physisches Loslösen, als eine Art Neubildung (Wygotsky[21]), in der individuell psychisches Leben entsteht.

Physiologisch hängt der Übergang mit einer bestimmten Stufe der Entwicklung des optischen Analysators und psychologisch mit der Entwicklung eines neuen Bedürfnisses, des nach neuen Umwelteindrücken, zusammen. Folge des Aufkommens dieses Bedürfnisses ist die klare Abgrenzung zwischen Schlaf- und Wachzustand. Der Wachzustand erlangt einen aktiven und zielgerichteten Charakter. Und der aktive Wachzustand wird durch zwei Grundmerkmale gekennzeichnet: erstens durch die Wahrnehmung von Reizen der Außenwelt, zweitens durch die dadurch ausgelöste Freude (Aufkommen der Freude).

Vor allem entsteht mit dem Bedürfnis nach neuen Eindrücken auch eine zielgerichtete Aktivität des Kindes, ein bewußtes Suchen nach neuen Eindrücken. Figurin[22] stellt fest, daß die sensorische Aktivität vom ersten Lebensmonat an schnell zunimmt. Im Wachzustand betrachtet der Säugling fast ständig etwas.

Dieses Bedürfnis nach neuen Eindrücken entsteht in der dritten bis fünften Lebenswoche, ist aber unter experimentellen Bedingungen bedeutend früher festzustellen. Es resultiert aus der Entwicklung der neuralen Funktionsreife und hängt mit der Fähigkeit zur visuellen Konzentration zusammen, die wiederum Resultat der Entwicklung der neuralen Funktionsreife und Sehtätigkeit ist.

Dazu schreibt Figurin: »Neben den organischen Bedürfnissen ist sicher auch das Bedürfnis vorhanden, den optischen Analysator zu gebrauchen. Dieses Bedürfnis offenbart sich in positiven, sich ständig durch äußere Einwirkungen vervollkommnenden Reaktionen, die auf Empfangen, Speichern und auch auf die Steigerung äußerer Reize gerichtet ist. Auf dieser Grundlage, nicht auf der Grundlage unbedingter Nahrungsreflexe, entstehen und festigen sich positive und emotionale Reaktionen des Kindes und geht seine nervös-psychische Entwicklung vonstatten.«[23]

Der Säugling bleibt selbstverständlich weiterhin abhängig von den Erziehungspersonen. Seine Tätigkeit wird entweder unmittelbar über die Erziehungspersonen realisiert oder in Gemeinschaft mit ihnen. Die gesamte Entwicklung (angefangen bei der Befriedigung einfacher organischer Bedürfnisse bis zum Bedürfnis nach neuen Eindrücken, sensorischer Stimulation) realisiert sich über die Erziehungspersonen. So wird sich auch hier die geschlechtsspezifische Erwartung dieser Erziehungspersonen in der Behandlung und in der Entwicklung der kleinen Mädchen und kleinen Jungen niederschlagen. Das Verhältnis der kleinen Mädchen und kleinen Jungen zu ihrer Umwelt ist eine von ihren unmittelbaren Beziehungen zu den Erziehungspersonen abhängige, abgeleitete Größe.

Allgemeine Bedeutung und Konsequenzen optischer und akustischer Stimulation

Als Beweis für die Bedeutung des Bedürfnisses nach neuen Eindrücken zitiert Boshowitsch eine Reihe sowjetischer Autoren, die bei Säuglingen Verhaltensweisen beobachtet haben, die als Ausdruck dieses Bedürfnisses interpretiert werden können. Eindrucksvoll ist die Schilderung eines Kindes in dieser Phase von Stschelowanow: »Der *visuelle Eindruck* wirkt auf das Kind beruhigend. Ein weinendes Kind dieses Alters (ein Monat alt, U. S.) kann man beruhigen, indem man es aus dem Bett beispielsweise auf den Tisch legt. Das Kind empfindet die Veränderung, die manchmal in einem besser beleuchteten Platz besteht, beginnt mit den Augen von einem Gegenstand zum anderen zu wandern und hört auf zu schreien. Ein Kind von 1 bis 1½ Monaten kann man auch ohne seinen Platz zu verändern, in einem ruhigen Wachzustand halten: Man braucht nur seinen Blick auf einen hellen, farbigen oder glänzenden Gegenstand zu lenken, den das Kind aus seiner Lage bequem sehen kann. Hört das Kind auf, den Gegenstand zu betrachten, beginnt es meistens zu weinen, wendet es jedoch seine Aufmerksamkeit erneut diesem oder einem anderen Spielzeug zu, beruhigt es sich wieder und blickt es lange und konzentriert an.«[24]

Und er schreibt weiter: »Visuelle Eindrücke erzeugen beim Kind zum ersten Mal das Gefühl der Freude. Die ersten Anzeichen des Freudegefühls, die in einem Lachen oder Zappeln mit den Händen und Füßen zum Ausdruck kommt, treten gewöhnlich in Erscheinung, wenn das Kind einen Erwachsenen anschaut und seiner Stimme lauscht. Auch beim Anblick bunter, glänzender Gegenstände freut sich das Kind, aber hierbei ist die Freude weniger deutlich ausgeprägt.«[25]

Entsprechend groß ist folglich die Bedeutung optischer und akustischer Stimulation bzw. auch die Bedeutung der Personen, durch die diese optischen und akustischen Reize ausgelöst oder vermittelt werden. Zur Bedeutung *akustischer Stimulation* haben Casler und Irvin [26] 1960 experimentelle Studien an Vergleichsgruppen von Heimkindern durchgeführt. Sie konnten nachweisen, daß sich nach zehnwöchiger verbaler Stimulation (und selbst bei mechanisch reproduzierten Tönen!) ein deutlicher Anstieg in der Sprachentwicklung feststellen ließ. Ähnliche Resultate erbrachten auch die Studien von Razran 1961 und Jensen 1967[27].

Visuelle Deprivation wirkt sich ähnlich aus wie kinästhetische Deprivation, und zwar im Sinne einer Reduzierung der Aktivität. Dies beweisen mehrere Untersuchungen: »Gerade die besonders hygienischen Kinderbetten, die mit weißen Platten an allen Seiten gedichtet sind, verhindern geradezu jede visuelle Stimulation. Es ist für das Kind schon in den ersten Lebenswochen und -monaten für die geistige Entwicklung äußerst wichtig, daß es Bewegungen verfolgen und mitvollziehen kann.[28] (Jensen 1967, Casler 1968[29].)

White [30] hat bei seinen Experimenten Säuglingen rote Pulswärmer übergestreift und damit deren visuelles Erkundungsverhalten erheblich erhöht. Bei der Experimentalgruppe war im Vergleich zur Kontrollgruppe die Greifentwicklung um über einen Monat beschleunigt (Vgl. hierzu auch bei Rauh 1974)[31].

Die visuelle Stimulation trägt zur Ausbildung visueller Fähigkeiten bei und beeinflußt darüber hinaus auch die motorische und intellektuelle Entwicklung in erheblichem Maße.

Werden auch in diesen wesentlichen Bereichen Mädchen und Jungen unterschiedlich beeinflußt? Dazu fand ich nur eine einzige Studie, die bereits erwähnte von Moss[32].

Geschlechtsspezifische Behandlung im Säuglingsalter und deren erste Ergebnisse

Nachdem ich die Bedeutung der verschiedenen Stimulierungen in dieser Lebensphase aufgezeigt habe, möchte ich jetzt das Ausmaß der geschlechtsspezifischen Behandlung des Babies zeigen. Die mehr als Hilfskonstruktion gedachte Einteilung Säuglings- und Kleinkindalter kann dabei nicht immer eingehalten werden, da sich die Untersuchungen nicht strikt innerhalb dieses Rahmens bewegen und auch im Zusammenhang mit dem Säuglingsalter bereits Konsequenzen erwähnt werden müssen, die in dieser Phase angelegt werden, jedoch erst im Kleinkindalter zum Tragen kommen.

In diesem Abschnitt geht es zunächst um die Unterschiede in der sensorischen und kinästhetischen Stimulation (optisch, akustisch, taktil), sowie um »Sauberkeitserziehung« und erstes »geschlechtsspezifisches Spielzeug«.

Geschlechtsspezifische Behandlung im taktilen, optischen, akustischen und kinästhetischen Bereich

Die bereits zitierte Studie von H. A. Moss geht der Frage unterschiedlicher Stimulierung nach und kommt zu wichtigen Ergebnissen über zwei große Differenzen in der Behandlung von kleinen Mädchen und kleinen Jungen: Und dies hinsichtlich der beiden untersuchten Variablen: »mother stimulates / arouses infant« (d. h., die Mutter bietet dem Kind taktile und visuelle Stimulation oder versucht, das Aktivitätslevel zu erhöhen) und »mother imitates infant« (d. h. die Mutter wiederholt ein Verhalten – gewöhnlich eine Vokalisierung – unmittelbar nachdem sie es beim Kind beobachtet hat). Hier zeigt sich (bei kontrolliertem allgemeinem Aktivitätszustand), daß die kleinen Jungen einen sehr viel höheren Wert in der Variablen »mother stimulates/arouses« haben, als die Mädchen. Die kleinen Mädchen hingegen haben einen höheren Wert bei der Variablen »mother imitates«. Das heißt, daß kleine Mädchen zwar sehr viel häufiger akustisch stimuliert werden, aber so, daß ihre eigenen Laute und Geräusche von der Mutter nachgeahmt werden. Sie werden auf sich selbst zurückgeworfen. Kleine Jungen hingegen werden sehr viel stärker optisch stimuliert – und das in einer Lebensphase, in der der optischen Stimulation größere Bedeutung zukommt als der akustischen. Anne Oakley schreibt dazu: »Diese akustische Stimulation, die bei kleinen Mädchen häufiger angewandt wird als bei Jungen, ist wahrscheinlich u. a. auch verantwortlich für die spätere verbale Überlegenheit der Mädchen. Denn eine ausgeprägte akustische Stimulation ist eine wichtige Voraussetzung für die Sprachentwicklung und häufige akustische Stimulation fördert sie«[33].

Kleine Mädchen werden in dieser Zeit also verbal stärker gefördert; gleichzeitig ist aber diese verbale Förderung eine eingeengtere als die, die den kleinen Jungen zuteil wird: an sie werden eher neue Laute herangetragen, während die Mädchen auf sich selbst zurückgeworfen werden.

Neben der direkten Stimulation gibt es die sogenannte inzidentelle/unbeabsichtigte Stimulation. So z. B. wenn die Erziehungsperson ein Kind häufiger beachtet und häufiger in seiner Nähe ist (Variable »mother attends infant«).

Diese »größere Gegenwart« der Mutter »ist eine ständige Quelle visueller, akustischer, taktiler, kinästhetischer und propriozeptiver Stimulation«[34]. Untersuchungen zeigen, daß bei kleinen Jungen die Mütter weitaus häufiger zugegen sind als bei kleinen Mädchen.

Auch die Schlafzeit der Geschlechter weist Unterschiede auf. Im Alter von drei Wochen schlafen die kleinen Mädchen, die beobachtet wurden, eine Stunde länger als die kleinen Jungen. Und im Alter von drei Monaten betrug diese Differenz noch 41 Minuten. Das heißt: Verbringt das Kind mehr Zeit im Wachzustand, so steigert dies seine Erfahrungen, seine Kontakte zur Erziehungsperson und allgemein zur Umwelt, und somit auch die Lernmöglichkeiten. Dies wiederum erleichtert die »perceptual discrimination« (Entwicklung der Wahrnehmung) und so auch die Qualität seiner kognitiven Organisation und des allgemeinen Entwicklungsprozesses. Übrigens verstärkt auch das häufigere Aus-dem-Bett-nehmen die inzidentelle Stimulation. Auch das geschieht bei den kleinen Jungen häufiger.

Addiert man nun alle Begünstigungen in dieser Entwicklungsphase, die die männlichen Säuglinge erhalten und die mit zunehmendem Alter noch stärker und vielfältiger werden, so müssen wir bereits im Säuglingsalter von einer ausgeprägten Diskriminierung des weiblichen Geschlechts sprechen! Diese Benachteiligung zeigt bereits im dritten Monat erste Konsequenzen.

Entsprechend der Entwicklung des Säuglings verändert sich auch das Verhalten der Mutter. Die unterschiedliche Behandlung hat überwiegend negative Folgen für das Mädchen, aber auch einige positive. So z. B. im »affectionate« (zärtlichen) Verhalten. So fand Moss, daß die Mutter bei kleinen Mädchen im dritten Lebensmonat mehr das »soziale Verhalten« fördert, d. h. sie lächelt öfter mit dem kleinen Mädchen, ahmt es öfter nach und beginnt, es mehr zu wiegen, und zu schaukeln und herumzutragen. Zur gleichen Zeit reduziert die Mutter dieses Verhalten beim kleinen Jungen. Insgesamt verändert sich das Verhalten der Mutter. Sie stimuliert jetzt das kleine Mädchen mehr in den Bereichen, in denen sie früher den kleinen Jungen stimuliert hat.

Beim Jungen beginnt ab dem dritten Lebensmonat die Erziehung zum »Jungenstereotyp«. So provoziert und fördert die Mutter nun sehr stark die Muskelaktivität des kleinen Jungen: Sie bringt ihn in Positionen, in denen er seine Muskeln aktiver benutzen muß und bietet ihm größere Stimulation.

Beim Mädchen hingegen, das in Relation zum kleinen Jungen in den ersten Wochen eher etwas vernachlässigt wurde, beginnt nun im dritten Lebensmonat die massive Erziehung zum »Mädchenstereotyp«, d. h. zum sozialen, anhänglichen und zärtlichen Verhalten.

Auffallend ist, daß die jeweiligen Schwergewichte in der Stimulierung beim Mädchen immer *konträr* den jeweiligen Bedürfnissen liegen und beim Jungen *konform* diesen Bedürfnissen.

Geschlechtsspezifische Sauberkeitserziehung

Im fünften Monat tritt eine weitere wichtige Differenz in der Behandlung kleiner Mädchen und kleiner Jungen ein: Und zwar im Bereich der *Sauberkeitserziehung*. Auch hier verhält sich die Mutter unterschiedlich, auch hier taucht, wie beim Stillen, ein sehr früher und strenger Drill für kleine Mädchen auf. Auch hier werden sie sehr früh den Wünschen und Forderungen der Erziehungsperson angepaßt, untergeordnet, im eigenen Rhythmus gebrochen. Ihre Autonomie wird gar nicht erst akzeptiert.

So beobachteten Brunet und Lézine, daß »auch in diesem Fall die Mütter strenger bei ihren Töchtern als bei ihren Söhnen sind«[35]. Das durchschnittliche Alter, in dem die Erziehung zur Sauberkeit beginnt, liegt für Mädchen bei fünf Monaten (acht Monaten) und für Jungen bei acht Monaten (– 12/15 Monaten). So treten denn auch die Schwierigkeiten (Weigerung, Spielereien) beim »Topfgehen« bei kleinen Mädchen zwischen 15–18 Monaten auf, bei kleinen Jungen zwischen 24 Monaten und vier Jahren. Bei kleinen Mädchen sind sie von kürzerer Dauer, während sie bei kleinen Jungen ausgiebiger und energischer auftreten.

Dazu schreiben Brunet und Lézine: »Mütter sind auch toleranter bei Jungen, wenn sie in die Windeln machen. Man akzeptiert, daß Jungen, auch wenn sie groß sind, ›Schmutzfinken‹ sind. Von Mädchen dagegen erwartet man, daß sie ihre Bedürfnisse so unmerklich wie nur möglich verrichten, und daß sie sauber sind. Natürlich wird diese Art Selbstkontrolle auch später noch von Mädchen verlangt. Das Ziel schwebt von Anfang an vor Augen, und das ist ein wesentlicher Faktor zur späteren Erlangung des gewünschten Verhaltens.« Wenn ein Junge schmutzig und nachlässig ist, scheint das eben in seiner Natur zu liegen, wenn dagegen ein Mädchen so ist, ist es lästig und man interpretiert es als böse Absicht und mangelnden Willen: »Sie macht es mit Absicht«[36].

Bezeichnend hierbei ist nicht allein die Tatsache, daß kleine Mädchen sehr früh in ihrer Autonomie gebrochen werden, sondern auch *wo* dies geschieht. Nämlich in Bereichen, in denen eine frühe Fertigkeit des kleinen Mädchens arbeitsersparend für die Erziehungspersonen ist. Wenn sie früher selbständig ißt und ihre Windeln nicht mehr naß macht, macht dies eindeutig weniger Arbeit.

Der gleiche Trend zeigt sich beim Sich-selbst-Ankleiden: Auch hier sind die kleinen Mädchen wesentlich früher selbständig. Die größten Fortschritte findet man zwischen 1½ und 3½ Jahren.

Diese frühen Fertigkeiten der kleinen Mädchen sind also generell auf eine Arbeitserleichterung für die Erziehungspersonen gerichtet und zugleich Vorläufer der später von Frauen erwarteten Fertigkeiten: Verantwortung für Mitmenschen, Sauberkeit etc.

Frühes geschlechtsspezifisches Spielzeug

Obwohl der größte Teil des Spielzeugs in dieser Phase noch »neutral« ist, beginnt sich bereits jetzt – innerhalb dieses »neutralen Spielzeugs« – die typische geschlechtsspezifische Differenzierung abzuzeichnen. So zum Beispiel bei der Wahl von *Mobiles*, die die Erwachsenen zur optischen Stimulation über das Bett des Säuglings hängen (auch bei Spieluhren zum Aufhängen und bei der Wahl der Farben für das Zimmer oder für die Säuglingskleidung). Elena Gianini Belotti[37] fand heraus, daß es sehr ausgeprägte geschlechtsspezifische Differenzen in der Wahl der Mobiles gibt. Und zwar bereits für das Alter von anderthalb Monaten, in dem gerade die optische Stimulation von großer Bedeutung ist. (Der Einfluß der Mobiles ist sehr massiv, da sie über dem Bett hängen.)

Belotti zeigt, daß die Wahl der Mobiles nach Farbe und Darstellung geschlechtsspezifisch getroffen wird. So bewegen sich über den Betten von weiblichen Säuglingen: Blumen, Engel, Schneeflocken, kleine Puppen. Ab und zu auch sogenannte neutrale Mobiles, wie: Vögel, Enten, Störche, Fische, Hühner, Zirkustiere, Ballons und farbige geometrische Figuren. Über den Betten der männlichen Säuglinge bewegen sich all die Dinge, mit denen sie später als kleine Jungen auch spielen und die sie als Mann benutzen oder erstreben werden: Flugzeuge, Schiffe, Autos, Pferde etc.

Diese geschlechtsspezifischen Unterschiede finden wir übrigens auch bei den Gegenständen zur akustischen Stimulation, Ringe, Rassel, Glöckchen usw. hängen – streng dem Gesetz von Rosa und Blau gehorchend – über den Wiegen der Säuglinge. Schon in diesem zarten Alter stellt sich bei der Wahl des Spielzeugs die Frage nach dem Geschlecht, die mit zunehmendem Alter immer größer und gewichtiger werden wird.

Im Alter von vier bis fünf Monaten, in dem die kleinen Mädchen und kleinen Jungen beginnen, mit Gegenständen effektiver zu manipulieren, werden dann auch diese Gegenstände geschlechtsspezifisch ausgewählt. So erhalten kleine Mädchen neben dem geschlechtsneutralen Teddy, den Stoff- und Gummitieren, hauptsächlich Puppen ins Bett gelegt. Vor allem sogenannte »echte« Puppen, die zweifelsfrei als »weiblich« zu identifizieren sind, bleiben kleinen Mädchen vorbehalten, kleinen Jungen hingegen sind sie schon im zartesten Alter meist untersagt[38].

Hier taucht erstmalig etwas auf, was später sehr viel offensichtlicher werden wird: Zwar dürfen Mädchen schon mal mit »Jungenspielzeug« spielen, Jungen aber fast nie mit »Mädchenspielzeug«. Denn alles, was zur »männlichen« Rolle gehört, wird als Norm gesetzt, zu der sich auch schon mal das Mädchen versteigen darf. Alles, was zur »weiblichen« Rolle gehört, ist jedoch minderwertig und wird daher für Jungen verachtet.

Ergebnisse geschlechtsspezifischer Behandlung im Säuglings- und frühen Kleinkindalter

Erst jetzt – in diesem Entwicklungsstadium – beginnen die Psychologen, auch progressive, das Kind erstmals intensiv auf geschlechtsspezifische Verhaltensweisen hin zu untersuchen und anhand der Reaktionen des Kindes in dieser noch relativ frühen Entwicklungsphase auf »angeboren weibliches« und »angeboren männliches« Verhalten zu schließen. Ihre Beobachtungen sind auf der Ebene der Beschreibung der Verhaltensweisen meist richtig. Der schwerwiegende Fehler liegt bei der Interpretation der Ursache der geschlechtsspezifischen Verhaltensweisen. Was sie für die Ursache halten – nämlich »weibliches« oder »männliches« Verhalten als natürliche »Weiblichkeit« oder »Männlichkeit« – ist nicht die Ursache, sondern bereits die Folge geschlechtsspezifischer Einflüsse.

Garai und Scheinfeld[39] untersuchten kleine Mädchen und Jungen im Alter von 14 Wochen hinsichtlich ihrer Vorliebe für optische oder akustische Reize. Sie präsentierten den Säuglingen eine Reihe von Gegenständen und belohnten die Aufmerksamkeit auf zweierlei Weise: einmal durch eine zusätzliche optische Stimulierung (statt einfachen weißen Kreisen, zeigten sie eine interessante farbige Figur) und ein andermal durch eine akustische Stimulation (sanfte Stimme eines unsichtbaren Sprechers). Das Resultat: die kleinen Jungen blieben aufmerksamer bei optischer Belohnung, die kleinen Mädchen bei akustischer. Daraus schließt z. B. die Zeitschrift »Eltern«, die über diesen Test berichtete (und wahrscheinlich auch Garai und Scheinfeld), bezeichnenderweise: Das weibliche Interesse an Sprechlauten habe sehr wahrscheinlich mit dem besonderen Interesse der kleinen Mädchen für Menschen zu tun und sei angeboren. Diese Interpretation versuchen sie dann, mit den Ergebnissen eines weiteren Tests zu »belegen«. Sechs Monate alten kleinen Mädchen und Jungen wurden Zeichnungen und Fotos von Gegenständen und Gesichtern gezeigt. Resultat: die kleinen Mädchen schauten dabei länger auf die Porträts als auf die Abbildungen der Gegenstände. Die kleinen Jungen reagierten umgekehrt. Sie wurden außerdem von Bild zu Bild lebhafter, während die Aufmerksamkeit der kleinen Mädchen schnell nachließ[40].

Jungen interessieren sich also bereits in diesem Lebensalter mehr für das, was sie sehen, als für das, was sie hören. (Das ist dann nach der Ansicht der beiden amerikanischen Forscher übrigens der Grund, warum sie später bei allen Tests besser abschneiden, bei denen schwierige Bildaufgaben zu lösen sind.) Dafür soll ihr Gehör nicht ganz so gut ausgebildet sein, wie das der Mädchen. Und da sich zusammen mit dem Hörsinn, bzw. der Stimulierung desselben auch die Sprache entwickelt, so zeigen Mädchen auch darin ein ausgeprägteres Interesse.

Garai und Scheinfeld (und andere) gehen zwar in ihren Untersuchungen der Geschlechtsunterschiede relativ weit zurück im Sozialisationsprozeß, jedoch nicht weit genug. So kommt es, daß sie die sich bereits sehr früh manifestierenden Folgen geschlechtsspezifischer Behandlung für die Ursachen, für angeborene Geschlechtsunterschiede halten. Die Untersuchungen von Moss, die sehr viel früher ansetzen, weisen jedoch darauf hin, daß bereits diese früh feststellbaren »Unterschiede« das Ergebnis noch viel früher einsetzender geschlechtsspezifischer Behandlung sind.

Goldberg, Kagan und Lewis[41] untersuchten geschlechtsspezifische Differenzen in der Behandlung des Säuglings ab dem dritten Monat. Sie stellen fest, daß der kleine Junge nun vom »proximal mode behavior« (wie Lewis das häufigere Anfassen, Streicheln, Auf-den-Arm-nehmen, Wiegen, Küssen, Hin-und-her-tragen nennt) langsam zum »distal mode behavior« umerzogen wird.

Besonders ab dem sechsten Monat geht die Mutter beim kleinen Jungen fast ganz über zum »distal mode behavior«. Das entspricht auch der in diesem Stadium bereits vorhandenen größeren physischen Autonomie des Kindes.

Das »distal mode behavior«, das gerade ab diesem Stadium für die allgemeine Entwicklung wichtig wird, wird nicht beim kleinen Mädchen angewandt. Im Gegenteil: Nachdem Mädchen in den ersten Lebenswochen und Monaten eher ignoriert wurden, werden sie etwa ab dem dritten Lebensmonat und besonders ab dem sechsten Monat sehr streng entsprechend dem »proximal mode behavior« behandelt. In einem Stadium, das nun eigentlich mehr Autonomie, »Loslösung« von den Erziehungspersonen erfordert, werden die Mädchen an diese Erziehungspersonen gebunden (dies wird verstärkt bis gegen Ende des zweiten Lebensjahres beibehalten).

Dies heißt, daß Mädchen in dem Stadium, wo ihre allgemeine Entwicklung einen größeren Handlungs- und Bewegungsraum erfordert, massiv eingeengt werden. Ihre physische und psychische Eigenständigkeit wird behindert. Sie werden an die Erziehungspersonen gebunden (»Mädchen hängen ja immer an den Rockzipfeln der Mutter«), die kleinen Jungen hingegen werden (entsprechend dem »Jungenstereotyp«) nun physisch und psychisch unabhängiger gemacht, von der Person weg erzogen.

Das Resultat zeigt sich auch in einer Untersuchung von Goldberg, Kagan und Lewis[42], die kleine Mädchen und kleine Jungen im Alter von 13 Monaten in einer »free play situation« untersuchten. Sie beobachteten das Spielverhalten und fanden erhebliche Differenzen. Die kleinen Mädchen gingen, wenn sie von ihren Müttern entfernt wurden, schneller zu ihnen zurück als die kleinen Jungen. Waren sie weiter von der Mutter weg, unternahmen sie häufiger als die kleinen Jungen physische wie auch visuelle Rückkehrversuche. Die kleinen Mädchen berührten die Mütter im Durchschnitt 84,6 Sek., die kleinen Jungen hingegen nur 58,8 Sekunden lang.

Auch sprachen die kleinen Mädchen mehr zur Mutter hin. Und als eine Barriere zwischen Mutter und Kind errichtet wurde, standen die kleinen Mädchen häufiger dicht dahinter und weinten, während die kleinen Jungen aktive Versuche unternahmen, um die Barriere zu überwinden[43].

Ein solches Verhalten wird – selbst in der »progressiven« Psychologie – als »natürlich weibliches« Verhalten bezeichnet. Auch hier wird meist erst gar nicht gefragt, ob es nicht Resultat geschlechtsspezifischer Erziehung sein könnte. Die Forschung blieb fast immer auf der beschreibenden Ebene und fragte nicht nach Ursachen.

Goldberg, Kagan und Lewis allerdings, die das spezifische Verhalten der Mutter beobachtet haben (als das Kind sechs Monate alt war), leiten es aus dem geschlechtsspezifischen Verhalten der Mutter ab. So schildert Lewis[44] präzise, mit welchen Methoden der kleine Junge vom »proximal mode behavior« zum »distal mode behavior« umerzogen wird. Eine häufig angewandte Methode ist die, den kleinen Jungen von einer Gesicht-zu-Gesicht-Position (proximal) in eine Gesicht-zu-Rücken-Position zu verändern (distal), wobei der kleine Junge von der Mutter weg neuen »Objekten« zugedreht wird. Dies geschieht meist mit Hilfe einer leicht drehenden Bewegung und mit sanftem Ton, freundlich und zärtlich.

Eine weitere Methode, die Aufmerksamkeit des Kindes von der Mutter abzulenken ist ein Hinlenken auf ein Spielobjekt. Lewis gibt in einem Protokoll eine ausgezeichnete Beschreibung einer Spielsituation zwischen einer Mutter und ihrem ein Jahr alten Sohn:

»Jetzt geht er mit beiden Spielzeugen los. Quadrat 6. Läßt den Rasenmäher fallen. Hockt in Quadrat 6. Spricht seine Mutter an. Schaut sich im Raum um. Hält den Schläger in der rechten Hand. Steht jetzt in Quadrat 7. Geht zu seiner Mutter. Berührt sie (15 Sekunden). Dreht sich um und geht weg. Lächelt. In Quadrat 6. Rutscht aus und fällt hin. Jetzt in Quadrat 7. Geht zu seiner Mutter. Sie berührt seinen Kopf. Er berührt sie (30 Sekunden). *Sie wirft den Hund und die Katze von sich* (Herv. d. Verf.). Er sieht zu. Er lächelt und geht darauf zu. In Quadrat 3, jetzt in Quadrat 2, dann Quadrat 1. Er hebt die Katze auf. Hat den Schläger in der rechten Hand. Geht zu seiner Mutter. Läßt die Katze fallen (45 Sekunden). In Quadrat 4. Lehnt sich gegen seine Mutter. Schaut zu ihr hoch. Er hat den Schläger in der rechten Hand. Sie spricht ihn an. Sie dreht ihn herum. Er schaut zur anderen Seite und lächelt. Hat den Schläger in der rechten Hand (60 Sekunden). Geht zu Quadrat 3. Hebt die Katze auf. Geht wieder zur Mutter. Läßt die Katze fallen, geht zur Mutter und lehnt sich an sie. Schaut zu ihr hoch. Hat den Schläger in der rechten Hand. *Sie dreht ihn herum* (75 Sekunden)«[45]

Dieses Protokoll demonstriert überdeutlich, wie dieses »distal mode behavior« konkret aussieht. Der Junge wird durch die

Mutter aktiv anderen Objekten zugewandt. Sie schleudert z. B. Stofftiere weit von sich weg, damit sich der Junge von ihr entfernt, sich aktiv seiner Umgebung zuwendet. Und wenn er sich ihr nähert, streichelt sie ihn und dreht ihn wieder von sich weg, dem Objekt Umwelt zu. Dieses Protokoll demonstriert genau das Verhalten, das den Jungen zu mehr Eigenständigkeit, mehr Interesse an seiner Umgebung und den ihn umgebenden Gegenständen erzieht. Ein Verhalten, das schon sehr früh »Erfolge« zeigt.

Die Motive für dieses Verhalten sind evident und werden von den Erziehungspersonen auch oft selbst formuliert: die kleinen Jungen sollen unabhängig werden, sie sollen Meister ihrer Welt werden, sie erforschen und beherrschen.

Die Motive für das »proximal mode behavior« bei kleinen Mädchen sind ebenso evident. Kleine Mädchen sollen sozial werden, Interesse an Personen haben, dabei aber auf ihre »kleine Welt« beschränkt bleiben. Die Bestimmung der Frau ist »drinnen«, nicht »draußen«. Und dafür ist das »proximal mode behavior« genau das richtige. Es fordert ein eher soziales als individuelles Verhalten. Es erfordert mehr körperliche Nähe zu den Erziehungspersonen und garantiert dadurch zur gleichen Zeit auch eine größere Kontrolle über das Verhalten der kleinen Mädchen, die somit immer greifbar, kontrollierbar und beeinflußbar sind. Die Folgen dieser Konditionierung werden vor allem ab dem Vorschulalter sichtbar werden.

Exkurs: Biologische und soziale Mutterschaft

Eines der Hauptargumente für die besondere Wichtigkeit der biologischen Mutter bei der Kindererziehung (also bei der »sozialen Mutterschaft«) ist die Tatsache, daß Frauen gebären können und in den ersten Lebensmonaten das Kind natürlich ernähren, d. h. säugen können. Daraus resultiere, so heißt es, psychologisch eine größere Verbundenheit zwischen Kind und Mutter als zwischen Kind und Vater oder jeder anderen Erziehungsperson. Aus dieser »stärkeren Verbundenheit« wird dann die vorrangige mütterliche Zuständigkeit für die gesamte Kindheit und Jugend geschlossen. Darum ist es wichtig, einer solchen Argumentation auf den Grund zu gehen. Zur natürlichen Ernährung des Kindes ist zu sagen: Sie ist ersetzbar, die Person ist austauschbar (Amme); außerdem ist es jederzeit möglich, ein Kind mit der Flasche zu ernähren. Nachteilige Folgen konnten bisher nicht bewiesen werden. Vor allem aber ist die Befriedigung der primären Bedürfnisse, wie z. B. die Ernährung, für die psychische Entwicklung des Kindes nur von sekundärer Bedeutung. Das ist eine neuere Erkenntnis, die ein ganz neues Licht auf die Mutterschafts-Diskussion wirft.

Wir wissen, daß etwa nach einem Monat die Neugeborenenperiode zu Ende geht und das Kind sich zu diesem Zeitpunkt auch psychisch von der es betreuenden Person löst. Beim Kind entsteht eine Art »individuelles psychisches Leben.« Physiologisch hängt dieser Übergang mit einer bestimmten Stufe der Entwicklung des optischen Analysators zusammen und psychologisch mit der Entwicklung eines neuen organischen, aber qualitativ eigenartigen, d. h. gleichzeitig psychischen Bedürfnisses, des Bedürfnisses nach Umwelteindrücken. Dieses Bedürfnis signalisiert – analysiert man das in der entsprechenden Literatur vorhandene Faktenmaterial – den Übergang in ein neues Stadium der psychischen Entwicklung.

Wichtig ist, daß dieses Bedürfnis transistorisch ist, d. h. über sich selbst hinausweisend und somit Grundlage bzw. Vorläufer eines Bedürfnisses nach sozialem Kontakt. Das kann als entscheidende Triebkraft und Grundlage der weiteren psychischen Entwicklung des Kindes angesehen werden. Es entsteht nach Boshowitsch etwa gegen Ende des ersten Lebensjahres und wird dann zum wichtigsten Faktor für die Aneignung spezifisch menschlicher Formen des Verhaltens und der Tätigkeit[46].

Beschränkt sich nun der Kontakt zum Kind nur auf das Sauberhalten und auf die Ernährung des Kindes, so gerät die Entwicklung spezifisch menschlicher Formen des Psychischen sehr bald in eine Sackgasse. Das Beweismaterial dafür, daß positive Emotionen beim Säugling nur durch die auf seine Sinnesorgane einwirkenden äußeren Reize entstehen und sich entwickeln, wird ständig umfangreicher.

Kistjakowskaja[47] hat sich speziell der Erforschung von Stimuli gewidmet, die in den ersten Lebensmonaten eine positive Emotion beim Kind hervorrufen. Sie schreibt, dieser Standpunkt sei bereits im 19. Jahrhundert von dem bedeutenden Pädiator Chatowitzki vertreten worden. Später wurden diese Gedanken von verschiedenen Forschern unterstützt. Sie selbst hat sehr viel aussagekräftiges, experimentelles Material gesammelt, das die Meinung einer Reihe von Wissenschaftlern bestätigt, »Freude entstehe beim Kind erstmalig durch äußere Einwirkungen auf die Sinnesorgane, insbesondere Auge und Ohr.«[48]

Dazu schreibt Kistjakowskaja: »Das zeigt, wie falsch der Standpunkt ist, es könnten positive Emotionen beim Kind entstehen durch die Befriedigung seiner organischen Bedürfnisse. Unser gesamtes Untersuchungsmaterial bestätigt, daß die Befriedigung organischer Bedürfnisse nur die negativen emotionalen Reaktionen verhindert bzw. aufhebt. Dadurch werden zwar günstige Voraussetzungen für die Entstehung positiver emotionaler Reaktionen geschaffen, aber sie selbst werden nicht hervorgerufen.«[49]

Zur geringeren Bedeutung der Ernährung für die Herstellung der Kontakte zwischen Säugling und Erziehungspersonen gibt Kistjakowskaja ein gutes Beispiel: Sie beobachtete Säuglinge in Säuglingsheimen und stellte fest, daß sich die Säuglinge mehr über das Auftauchen der Schwestern freuten, die mit ihnen spielten und sich unterhalten, als über die Mütter, die zum Stillen kamen[50].

Das Bedürfnis nach neuen Eindrücken ruft, da es sich ständig entwickelt und komplizierter wird, eine vielseitige Orientierungstätigkeit des Kindes hervor. Auf dieser Grundlage entsteht das kognitive Bedürfnis. Es veranlaßt das Kind, immer tiefer in seine Umwelt vorzudringen und von ihr Besitz zu ergreifen (vgl. dazu die Untersuchungsergebnisse von Lissina in Boshowitsch[51].

Das Kind kann sich jedoch nicht ohne die Hilfe Erwachsener die ständig komplizierter werdenden Formen der Erkenntnistätigkeit aneignen und damit sein Bedürfnis nach neueren und komplizierteren Informationen befriedigen. Folglich bedarf das Kind zur Befriedigung dieses Bedürfnisses einer oder mehrerer Erziehungspersonen. Dies muß jedoch nicht eine biologische Mutter sein.

»Freilich sollte man bedenken, daß durch die Zuwendung anderer Menschen (soziale Stimulation) vielfach sensorische Reize vermittelt werden. So gesehen ist soziale Stimulation zweifellos notwendig, aber »es gibt keinen Beleg dafür, daß soziale Stimulation am besten von einer liebenden Mutter oder Mutterfigur vorgenommen wird«[52].

Die Tatsache, daß die Mutter selbst diese Stimulation vermittelt, erhöht nicht den Wert solcher anregenden Reize. Die Mutter ist im Sozialisationsprozeß vielmehr bisher deswegen wichtig, weil sie meistens die Person ist, die in verstärktem Maße für Stimulation sorgt und die verfügbar ist. Aber gerade darin ist sie ersetzbar. D. h. »biologische« und »soziale« Mutter in Personalunion zu sein, ist keineswegs natürlich, sondern kulturell.

Die oft behauptete vorrangige Zuständigkeit der biologischen Mutter und des weiblichen Geschlechts im allgemeinen für die »soziale Mutterschaft« entbehrt jeglicher realen Grundlage. Und zwar auf seiten des Kindes ebenso wie auf seiten des weiblichen Geschlechts – das nicht von »Natur« aus, sondern bestenfalls wegen der anerzogenen weiblichen Fähigkeiten besonders qualifiziert ist für die Kindererziehung.

Die biologische Mutterschaft dauert neun Monate, die soziale ein ganzes Leben. Zudem dient die angeblich größere Zuständigkeit von Frauen für Kinder bisher auch als Vorwand, Frauen ans Haus zu binden, sie für die Hausarbeit und typisch »weibliche« Berufsarbeit verantwortlich zu machen. D. h. die Gleichsetzung von biologischer und sozialer Mutterschaft ist die entscheidende Weiche auf dem Weg zur geschlechtsspezifischen Arbeitsteilung. Sie kann darum gar nicht radikal genug analysiert und in Frage gestellt werden. Denn »Mütterlichkeit« ist keine angeborene, sondern eine anerzogene Eigenschaft.

Kleinkindalter –
Spielinteressen und Elternerwartungen

Allgemeine Darstellung der Entwicklung im Kleinkindalter

Im Kleinkindalter dominiert die Entwicklung der Wahrnehmung. Alle anderen psychischen Prozesse und Funktionen, das Gedächtnis, die Aufmerksamkeit, das Denken, die Emotionen werden über die Wahrnehmung realisiert (Wygotski)[53]. Im Kleinkindalter kann man die Tätigkeit des Kindes im Hinblick auf seine Beziehungen zu den Erwachsenen als gemeinsame Tätigkeit bezeichnen. Die Erwachsenen stellen dem Kind nicht nur die Dinge für das Spiel zur Verfügung (z. B. eine Puppe), sondern sie lehren es auch, zu spielen, den Gegenständen einen spezifischen Inhalt zu geben. Die Gegenstände, die das Kind von den Erwachsenen bekommt, werden immer bereits mit konkreten Inhalten vermittelt, entsprechend also der gesellschaftlichen Bedeutung dieser Gegenstände. Und damit auch ihrer geschlechtsspezifischen Bedeutung.

Bevor das Kind sich der Sprache aktiv bedient, haben die Erwachsenen die Funktion der Kommunikation und Lenkung. Die Erwachsenen zeigen dem Kind nicht nur die Handlungen mit dem Gegenstand oder die Eigenschaften der Dinge, sie gewöhnen es nicht nur an bestimmte Regeln und Normen (gewöhnen es an einen bestimmten Tagesablauf, regen zu erlaubten Handlungen an, verbieten unerwünschte), sondern sie bewerten und beeinflussen damit ständig das Verhalten des Kindes. Das Kleinkind eignet sich durch die gemeinsame Tätigkeit mit den Erwachsenen und unter ihrer Anleitung die grundlegenden gegenständlichen Handlungen an. Die Kinder können diese Handlungen zunächst nur vollziehen, wenn die Erwachsenen unmittelbar helfen und sich beteiligen. Sobald sie jedoch die Handlungen beherrschen, beginnen sie, sie selbständig auszuführen.

Die willkürlichen Bewegungen und motorischen Fertigkeiten beginnen sich bereits im Säuglingsalter zu bilden und werden durch die gegenständliche Tätigkeit im Kleinkindalter gefördert. Von der Erziehung des Kindes hängt es ab, wie sich das spielerische Hantieren im ersten Lebensjahr entwickelt. Wie Lechtmann-Abramowitsch[54] nachweist, wird diese Entwicklung beeinträchtigt, wenn entsprechende pädagogische Maßnahmen fehlen. Solche Kinder können nicht spielen, sie bleiben stundenlang untätig.

Das Neue wirkt sich stimulierend auf die Tätigkeit des Kindes aus (vgl. Figurin und Denissowa[55]). Nur so kann bereits im fünften Monat ein Interesse am Neuen aufkommen. Durch die Wiederholungen bilden sich beim Kind Vorstellungen von den Eigenschaften des Gegenstandes und dem möglichen Ergebnis. Wobei die äußeren Einwirkungen bei entsprechenden inneren Bedingungen eine spezifische Orientierungstätigkeit im Hinblick auf die Gegenstände hervorrufen, deren Eigenschaften das Spiel anregen und aufrechterhalten (Hantieren und Betrachten von Gegenständen sind als Spiele des Säuglings zu betrachten). Doch noch ist die Entwicklung des Spiels – auch im Kleinkindalter – ein sekundärer Prozeß. Im Vordergrund steht die Entwicklung der gegenständlichen Handlungen.

Die ersten spezifischen Handlungen mit Gegenständen entstehen gegen Ende des ersten Lebensjahres. Im achten Monat eignet sich das Kind die von den Erwachsenen vorgeführten Handlungen noch nicht an und kann sie auch noch nicht reproduzieren. Es behandelt die Gegenstände unspezifisch. Im neunten Monat strebt das Kind vom Schoß zum Boden. Die einzelnen physiologischen Funktionen entwickeln sich immer mehr (sensorische, mnemische und tonische). Diese Entwicklung hängt ab von den konkreten Prozessen, in die sie einbezogen ist. Bisherige Forschungsergebnisse erlauben folgende Feststellung: »Sollen sich nennenswerte Fortschritte in der Entwicklung der Funktionen einstellen, dann muß die gegebene Funktion einen bestimmten Platz in der Tätigkeit einnehmen und muß die Operation, in die sie einbezogen ist, von ihr vor allem ein angemessenes Entwicklungsniveau fordern. Dann ist es möglich z. B. im Bereich der sensorischen Funktionen, d. h. auf dem Gebiet der Sensibilität, außerordentliche Fortschritte zu erzielen und »die von der klassischen Psychophysik ermittelten ›normalen‹ Empfindungsschwellen beträchtlich zu überschreiten«[56].

Im 10. und 11. Monat beginnt das Kind, Handlungen mit Gegenständen zu reproduzieren, allerdings nur, wenn sie direkt vorgeführt werden und wenn die Erwachsenen anwesend sind. Schließlich hantiert das Kind selbständig mit den Gegenständen, sobald sie ihm gegeben werden, oder wenn es selbst mit ihnen in Berührung kommt; zunächst nur mit den Gegenständen, die es gemeinsam mit den Erwachsenen gebraucht. Charakteristisch für diese Stufe ist, daß die erworbenen Handlungen auf bestimmte Gegenstände fixiert sind. Nach und nach erst beginnen die kleinen Mädchen und kleinen Jungen, die Handlungen auf andere Gegenstände zu übertragen.

Geschlechtsspezifische Behandlung im Kleinkindalter
und deren erste Ergebnisse

In dieser Lebensphase werden die gegenständlichen Handlungen
zur dominierenden Tätigkeit. Erst allmählich entwickelt sich die
eigentliche Spielfähigkeit. In den folgenden Abschnitten stelle ich
dar, wie Kinder spielen lernen, daß Gegenstände, Spielobjekte
nicht neutral, sondern mit Inhalten, weitgehend mit geschlechtsspezifischen Inhalten vermittelt werden, und welche Rolle die
geschlechtsspezifischen Erwartungen von Erziehungspersonen
(Müttern und Vätern) dabei spielen.

Im Anschluß daran zeige ich Ergebnisse der bisherigen geschlechtsspezifischen Behandlung: Konnte man bis zum ersten
Lebensjahr das Kind nur schwer aufgrund seines Verhaltens nach
dem Geschlecht unterscheiden, so zeichnet sich jetzt die Trennung immer klarer ab. Im Kleinkindalter setzen sich die Erwartungen der Umwelt gegenüber dem kleinen Mädchen (dem kleinen Jungen) noch weitgehender durch. Das Kind selbst beginnt,
diese Erwartungen zu verinnerlichen. Jeglicher sich eventuell
regender Widerstand wird systematisch gebrochen.

Was ist bisher geschehen?

Geschlechtsspezifische Spielinteressen

Kinder lernen in der gemeinsamen Tätigkeit mit Erwachsenen (bei
der die Erwachsenen jedoch dominieren) die grundlegenden gegenständlichen Handlungen und ihre Inhalte. Das kleine Mädchen z. B. bekommt nicht nur eine Puppe in den Arm gedrückt
oder ins Bett gelegt, sondern ihm wird gleichzeitig vermittelt, was
die Puppe bedeuten soll und wie es sie behandeln soll, wie es sie
wiegen, anziehen, ausziehen, waschen und füttern soll. Kleinen
Jungen hingegen zeigt man das nicht.

So entsteht schon bei kleinen Mädchen von knapp 10, 11 Monaten
z. B. der konditionierte »Puppenwiege-Reflex« (eine sehr treffen-
de Bezeichnung von Belotti). Das kleine Mädchen übt die rituellen
Bewegungen des Säuglingwiegens mit seiner Puppe so früh, daß
diese Bewegungen fast wie Reflexe werden und wie »angeboren«
scheinen. Dabei sind sie nur das Resultat geschlechtsspezifischer
Erziehung. Das Ergebnis des unablässigen Weiblichkeits-Drills
wird hier fälschlicherweise für ein »biologisches Wunder« gehal-
ten. »So klein und schon Mutterinstinkt«, zitiert Belotti spöttisch
den Volksmund. Und das ist nur ein Beispiel. Wir werden noch
sehen, wie gezielt all die Eigenschaften und Fähigkeiten, die wir so
unwidersprochen als »natürlich« und »typisch weiblich« hinneh-

men, Resultat dieser unablässigen Erziehung zur Weiblichkeit sind.

Mit zunehmendem Alter nehmen die gegenständlichen Handlungen der Kinder zu. Sie erhalten mehr Möglichkeiten, mit verschiedenen Gegenständen zu manipulieren, bestimmte Bewegungen zu entfalten und zu üben. Doch schon das Angebot der Gegenstände zum Spiel ist unterschiedlich geschlechtsspezifisch. Das bedeutet, daß das Kind auch hier geschlechtsspezifische Bewegungen entwickelt und übt.

In welchem Ausmaß schon das Spielzeugangebot geschlechtsspezifisch ist, beweist eine Erhebung von Dannhauer[57] über den Spielzeugbesitz kleiner Mädchen und Jungen im Alter von 22 Monaten. Die kleinen Mädchen (und ebenso die älteren) besitzen wesentlich häufiger Puppen, Puppenkleider, Puppenwagen. Die kleinen Jungen hingegen besitzen viel häufiger größere Fahrzeuge, kleine Autos, Eisenbahnen. Gleich häufig besitzen kleine Mädchen und kleine Jungen: Teddys, Stofftiere, Bausteine, Tiere zum Hinterherziehen, Bälle und Bilderbücher. Dieses Spielzeug gehört zu dem sogenannten geschlechtsneutralen Spielzeug.

Dieses geschlechtsspezifische Spielzeug und die damit verbundenen spezifischen Handlungen resultieren auch bald in geschlechtsspezifischen Interessen. So zeigen Untersuchungen von Dannhauer[58], daß die geschlechtsspezifische Entwicklung von Spielinteressen schon vor dem zweiten Lebensjahr einsetzt. Zunächst ist sie nicht sehr stark ausgeprägt. Erst ab dem Alter von zwei Jahren und vier Monaten zeigt sich bei den Mädchen ein etwas größerer Unterschied in den Spielinteressen. Doch gibt es in diesem Alter noch keinen eindeutigen Unterschied in der Bevorzugung der Spielmaterialien bei den Mädchen. Das Fahrzeug z. B. wird noch nicht als jungenspezifisches Material anerkannt – wohl aber die Puppe als mädchenspezifisches. Bezeichnend ist auch hier wieder, daß das »männliche« Spielzeug sozusagen die Norm, das Spielzeug an sich ist. Mit ihm dürfen ausnahmsweise auch Mädchen »mal spielen«. Mit dem »Mädchenspielzeug« jedoch dürfen Jungen auch nicht in Ausnahmefällen spielen; sie würden sonst verachtet und verspottet werden.

Diese im Kleinkindalter beginnenden Unterschiede in den Spielinteressen sind von großer Bedeutung. Denn die Spieltätigkeit des Kindes entwickelt nicht nur dessen Fähigkeiten (z. B. hinsichtlich der Motorik usw.) in den konkreteren Spielen, sondern sie formt auch Psychisches entscheidend. Die unterschiedlichen Spielinteressen von Mädchen und Jungen beinhalten auch unterschiedliche Erlebnisweisen. Denn das Kind übernimmt die Spielrolle in ihrer Totalität. Rubinstein schreibt dazu: »Das Puppenspiel der Mädchen hat einen ganz anderen Inhalt als Spiel mit technischem Spielmaterial. Beim Puppenspiel ist ständig eine Identifikation mit der Puppe gegeben. Die Motivausrichtung des Verhaltens ist damit betont mitmenschlich. Die vom Kinde ›gesetzten Gefühle‹ der Puppe sind ständig Bezug des eigenen Verhaltens. Diese Spiele führen in ihrer Häufigkeit vermittels der Motivgeneralisierung zu sozial gerichteten Interessen und den damit verbundenen Handlungsweisen. Diese verstärkte soziale Motivation der Mädchen versetzt sie auch in die Lage, eigenes Handeln sozial stärker zu empfinden und zu werten. Das Mädchen erfährt so ein ›Identifikationstraining‹ im Rahmen einer sozial ausgerichteten Rolle. Die damit entstehende Motivationsdifferenz von Mädchen und Jungen ist eine grundlegende psychologische Geschlechtsdifferenz. Bei den Jungen dominieren dagegen auf sachliche Objekte gerichtete Spieltätigkeiten. Die Handlung und der Erfolg einer Handlung wird damit zur führenden Motivationsgrundlage«[59].

Mädchen hingegen sollen und müssen (und wollen dann schließlich auch . . .) gegen Ende des Kleinkindalters mit Puppen spielen. Sie lernen bereits in diesem Alter fast perfekt, Puppen anzuziehen, zu waschen, zu wiegen, zu füttern, spazierenzufahren und was alles noch so dazugehört. All dies sind Fertigkeiten, die sie später entsprechend ihrer Funktion als Mutter haben sollen und müssen. Das Trainieren dieser »Mutterqualifikationen« (Eigenschaften und Fertigkeiten) und der dazu notwendigen emotionalen Inhalte, setzt bereits in so zartem Alter ein, daß es später wie beim »Puppenwiegen« sozusagen »automatisch« läuft, quasi als Reflex. Was später »die Verwirklichung der Frau«, ihre »Erfüllung« ausmachen soll, ist also nichts weiter als das Ausüben der im zartesten Alter anerzogenen Fähigkeiten.

Kleine Jungen hingegen lernen schon früh mit Autos und kompliziertem mechanischen Spielzeug umzugehen – Dinge, mit denen sie als Junge oder Mann umgehen werden. Also auch hier bei den Jungen bereits im zarten Alter das Einüben, die Entfaltungen angeblich ›natürlicher‹ Fähigkeiten und Eigenschaften. In Wahrheit jedoch ist das bei beiden Geschlechtern nichts weiter als das Schaffen der Voraussetzungen für die spätere geschlechtsspezifische Arbeitsteilung und damit auch die Reproduktion der bestehenden geschlechtsspezifischen Herrschaftsverhältnisse.

Diese unterschiedlichen Spieltätigkeiten sind jedoch nur ein Teil der geschlechtsspezifischen Erfahrungen im Kleinkindalter. Mit dem Beginn des Spracherwerbs lernt das Kind nun auch verbale Eingriffe und Lenkungen kennen. Ihm werden so soziale Kategorien, Normen, Ermunterungen und Restriktionen vermittelt. Da das kleine Mädchen räumlich in einem engeren Kontakt zu den

Erziehungspersonen steht als der Junge, wird die Sprache bei ihm auch zu einem noch wesentlicheren Konditionierungs- und Restriktionsmittel.

Auch die Sprache selbst wird kleinen Mädchen anders vermittelt als kleinen Jungen. Das kleine Mädchen darf nicht laut reden, darf Erwachsenen noch weniger ins Wort fallen, darf bestimmte Wörter nicht sagen (»das gehört sich für kleine Mädchen nicht«). Es muß leise, zurückhaltend, diszipliniert, deutlich und mädchenhaft hoch sprechen. Es gibt sozusagen eine geschlechtsadäquate Sprache für Mädchen und eine für Jungen: »Die Konversationen in allen beobachteten Familien geben davon Zeugnis . . . ›Kleine Mädchen sprechen nicht so – eine Dame erhebt nie ihre Stimme. Oder: Er spricht wie ein richtiger Junge‹. Diese Geschlechtsunterschiede sind evident – in den benutzten Worten, in der Art der Aussprache, Intensität des Ausdrucks, Satzbau sowie den Gesprächsthemen. Das Kind lernt dies früh und wird ständig daran erinnert, daß es bedeutungsvoll ist, geschlechtsentsprechende Ausdrucksformen zu lernen.«[60]

Bei dieser geschlechtsspezifischen Konditionierung sind die zwei verschiedenen Bereiche nicht etwa gleichwertig, sondern haben eine unterschiedliche Qualität. So ist z. B. der Bereich der Umwelt, den sich Mädchen aneignen dürfen und müssen, wesentlich eingeengter als der von Jungen. Jungen entwickeln sich in viel weiter gesteckten und eigenständigeren Bereichen. Kleine Mädchen hingegen werden schon sehr frühzeitig fast ausschließlich auf ihre spätere Funktionen als Hausfrau und Mutter hin trainiert.

So zeigt sich auch hier wieder – wie in der gesamten Entwicklung –, daß die angebliche weibliche »Andersartigkeit« in der Realität eine »Minderwertigkeit« ist. Nämlich die stärkere Einengung und die Anerziehung leichter ausbeutbarer Eigenschaften und Fertigkeiten.

Geschlechtsspezifische Erwartungen von Müttern und Vätern an die Kinder

Die geschlechtsspezifischen Erwartungen der Erziehungspersonen an das Kind sind von entscheidender Bedeutung für seine Entwicklung. Die meisten Untersuchungen zu diesem Thema lassen dabei allerdings die Erwartungen des Vaters unbeachtet. Hier möchte ich nun eine der wenigen Untersuchungen zitieren, die diesen Aspekt mit einbezogen hat.

Evelyn Goodenough Pitcher[61] befragte Eltern, was kleine Mädchen »weiblich« und was kleine Jungen »männlich« macht. Beide Elternteile – Mütter und Väter – betrachten es als »weiblich«, an hübscher Kleidung, häuslichen Gewohnheiten, Familie und

Babys interessiert zu sein und sich mit einer Frau zu identifizieren. Sie erwarten, daß Mädchen mehr an Menschen interessiert sind als Jungen. Und sie berichten auch, daß die kleinen Mädchen mehr nach den Gesichtern von Menschen sehen, auf deren Ausdruck achten, Beziehungen beobachten. Mädchen werden meist als kokett bezeichnet.

Als »männlich« betrachten die Eltern es, an Objekten und Ideen interessiert zu sein. Sie weisen oft auf die vorwiegende Beschäftigung der Jungen mit den verschiedenartigsten Fahrzeugen hin. Darüber hinaus halten sie auch Jungen für interessiert an dem Funktionieren der Objekte. Beide, Mütter und Väter, erlauben den Mädchen für die ersten Lebensjahre ein »jungenhaftes« Verhalten, lehnen hingegen jegliches »weibliche« Verhalten bei Jungen ab.

Ein Vergleich der Untersuchungsergebnisse zwischen Müttern und Vätern[62] hinsichtlich der geschlechtsspezifischen Rollenerwartungen ergab etwas sehr Interessantes: Väter sind in größerem Ausmaß als Mütter für eine strikt-konservative Geschlechtsrollen-Konditionierung. Die Interviews belegen, daß besonders Väter dazu tendieren, bei ihren Söhnen auf »Männlichkeit« und bei ihren Töchtern auf »Weiblichkeit« zu achten.

Evelyn Goodenough Pitcher beobachtet in ihrer Untersuchung: »Er wird wütend, wenn ich ihn mit seinem Interesse an Mädchensachen, das babyhaft ist, necke«, sagt ein Vater über seinen zwei Jahre alten Sohn. »Sein Vater war wütend, als ich seine Nägel rot malte«, berichtet eine Mutter. Und eine andere: »Bei Gott, ein Junge kann nichts Weibliches tragen! Die Vorstellung von Lippenstift würde seinen Vater entsetzen!« Auf die Frage, ob er beunruhigt wäre, wenn sein Sohn weibliche Verhaltensweisen zeigen würde, antwortete ein Vater: »Ja, ich wäre sehr irritiert! Entsetzlich beunruhigt! Ich kann kaum sagen, wie weit meine Beunruhigung gehen würde. Ich kann weibliches Verhalten bei einem Mann nicht ertragen. Ich verabscheue es regelrecht.« Die Mutter hingegen meinte, der Sohn würde dann eben »eher aufmerksam und freundlich werden, statt maskulin. Eher ein Gentleman als männlich.«

Bei Mädchen jedoch schätzen Väter »Weibliches«. Eine Mutter berichtete, daß ihr Mann sich sehr gefreut habe, als sie ihrer sechs Monate alten Tochter ein Kleidchen anzog und es viel hübscher fand. Eine andere Mutter berichtete, daß ihr Mann blaß wurde, als er merkte, daß sie der Tochter die langen Haare abgeschnitten hatte. Er forderte: »Versprich mir, daß du sie nie mehr abschneidest.« Eine andere Mutter berichtete, daß ihr Mann mit der Tochter mit einer hohen Stimme spricht und mit dem Jungen mit einer tiefen Baß-Stimme.

Die Art und Weise, in der Väter von ihren Töchtern reden, zeigt, daß sie ihre Töchter als Sexualobjekte sehen. Hier ein paar Beispiele: So sagte ein Vater: »Meine Tochter fragte mich einmal, welche von meinen Mädchen ich mehr mag – sie oder ihre Mutter. Man ist sich immer bewußt, daß da etwas Sexuelles zwischen einem weiblichen Kind und seinem Vater mitschwingt.« So redete die Hälfte der Väter von der Koketterie ihrer Töchter in einer Art, die zeigt, daß sie persönlich davon betroffen waren. Einige Väter beschrieben ihre Töchter durch folgende Bemerkungen: »Sehr kokett« . . . »Verführerisch« –, »Weiß, wie sie mich dazu kriegt, Dinge zu tun, die sie von ihrer Mutter nicht bekommt.« »Ist sanft und verführerisch.« »Flirtet, ist schalkhaft und verspielt, eine vorgetäuschte Schüchternheit. Vielleicht gibt das, wenn sie älter ist, einen kleinen Flirt.« »Zärtlich und schmeichelnd und liebevoll. Sie wird sicher sexy. Meine Frau ärgert sich immer, wenn ich das sage.« »Flirtet gern. Besonders mit Fremden, gelegentlich auch mit mir. Versucht, Aufmerksamkeit zu erregen . . .« »Sie ist besonders zärtlich. Ständig kommt sie, um zu umarmen und zu küssen . . .« »Ich habe immer gehört, daß kleine Mädchen mehr nach ihren Väter schauen als nach ihren Müttern.« »Eine zarte Person, liebenswert und liebenswürdig.« »Weiblichkeit läßt sich nach meiner Meinung nicht trennen von einem gewissen Grad Sexualität.«

Diese Bemerkungen zeigen deutlich die geschlechtsspezifischen Erwartungen des Vaters an die Töchter. Hingegen erwähnte nur die Hälfte der Mütter überhaupt ein »Flirt-Verhalten« ihrer Töchter. Und wenn, dann bezogen sie es nicht auf sich. Wo der Vater sagte: »Sie flirtet mit mir«, sagte die Mutter, »sie flirtet mit ihrem Vater« oder »mit anderen Menschen«.

Väter scheinen also ein viel größeres Interesse an der traditionellen geschlechtsspezifischen Rollenerziehung zu haben, als man bisher annahm. Mütter hingegen zeigten in dieser Studie eher eine geringere, zumindest aber nicht betonte geschlechtsspezifische Erwartung als die Väter; das sagt allerdings noch nichts über das Ausmaß des Einflusses des Vaters auf die reale geschlechtsspezifische Sozialisation aus.

Dieser Aspekt ist vor allem deswegen interessant, weil er die bisherigen Behauptungen, daß die Mütter gerade in diesem Punkt die Alleinverantwortlichen und Konservativen seien, nicht nur infrage stellt, sondern vielmehr das Gegenteil nahelegt. Hinweise für diese Annahme finden sich auch bei Thumm und Reitz. Um präzisere Aussagen machen zu können, bedarf es in diesem Bereich jedoch noch weiterer Untersuchungen. Sicher ist nur, daß die »konservativere« Haltung der Mütter bezweifelt werden muß.

Vorschulalter –
Bedeutung geschlechtsspezifischer Spiele

Allgemeine Darstellung der Entwicklung im Vorschulalter

Die für das Kleinkindalter charakteristische Verbindung zwischen Kind und Erziehungsperson wird beim Übergang zum Vorschulalter erheblich lockerer und ändert sich. Das Kind löst sich immer mehr von den Erwachsenen und wird fähig, selbständig und ohne ständige Unterstützung seiner Mitmenschen zu handeln[62].

Allmählich werden die angeeigneten Handlungen auf immer mehr Gegenstände übertragen. Zugleich entstehen neue Möglichkeiten für den Erwerb von Handlungen. Das Kind reproduziert Handlungen, die ihm nicht direkt vorgeführt werden, sondern die es im täglichen Leben beobachtet. Diese neue Möglichkeit der Aneignung erweitert erheblich den Bereich der gegenständlichen Handlungen.

Die Spieltätigkeit aber bleibt auf dem Niveau einförmiger, sich mehrfach wiederholender Handlungen, wenn sie nicht angeleitet wird. Die Spielsachen an sich regen nur zu begrenztem Gebrauch an, ihr »Inhalt« muß erst vermittelt werden. Das Kind bleibt auf konkrete Anregung und Stimulierung durch die Erziehungspersonen angewiesen. Entscheidend für die Entwicklung des Gebrauchs von Spielzeug sind die unmittelbaren Hinweise der Erwachsenen. Nach Aksarina[63] entsteht das Spiel nicht spontan, sondern lediglich unter folgenden drei Bedingungen:

1. das Kind muß in seiner Umwelt vielfältige Eindrücke gewinnen;
2. man muß ihm verschiedenartiges Spielzeug zur Verfügung stellen;
3. das Kind muß mit den Erziehungspersonen oft in Kontakt treten; unerläßlich sind unmittelbare Hinweise und Hilfe der Erwachsenen.

Allgemein beginnt das Kind in dieser Phase, seine Tätigkeit und sich selbst von den Erwachsenen abzusetzen. Die Funktionen und Beziehungen der Erwachsenen werden vom Kind erstmalig erfaßt (siehe auch Kapitel über Entwicklung der Geschlechtsidentifikation). Es entstehen eigene Wünsche und Tendenzen nach selbständiger Tätigkeit.

Das Bedürfnis nach gemeinsamer Tätigkeit mit den Erwachsenen bleibt. Demzufolge werden die Erwachsenen zum Vorbild: das

Kind möchte wie die Erwachsenen handeln. Da ihm jedoch noch nicht alle Lebensbereiche der Erwachsenen zugänglich sind, gestaltet es ihre Handlungen und ihre Beziehungen zueinander in seinem Spiel nach. So erklärt sich die Bedeutung des *Rollenspiels* im Leben des Vorschulkindes. Die Erwachsenen und ihre Beziehungen zu Gegenständen und Mitmenschen vermitteln die Beziehungen des Kindes zu Dingen und Menschen. Diese neue Beziehung zwischen dem Kind und den Erwachsenen, in der sich das Kind in seinen Handlungen an dem Vorbild der Erwachsenen orientiert, ist die Grundlage für neu entstehende Qualitäten der Persönlichkeit des Vorschulkindes.

Dazu schreibt Boshowitsch: »Die Koordination der Motive, auf die Leontjew mit Recht verweist, ist nur der Ausdruck für das Auseinanderfallen der kindlichen Neigungen zum unmittelbaren Handeln und der direkten oder indirekten Forderung der Erwachsenen, nach seinem Vorbild zu handeln.«[64]

Das Kind (das Mädchen, der Junge) läßt sich von Vorstellungen leiten, die die gesellschaftliche Funktion der Erwachsenen – Frauen und Männer –, ihre Beziehungen zueinander und zu den Gegenständen zum Inhalt haben. So eignen sich kleine Mädchen (kleine Jungen) sich die Normen, Regeln und Werturteile der Frauen (Männer) an. Da ihnen nicht alle Lebensbereiche zugänglich sind, gestalten sie die Beziehungen der Erwachsenen zueinander und zu den Gegenständen in ihren Spielen nach.

Die direkte Konfrontation der Mädchen und Jungen mit ihrer Umwelt trägt wesentlich zur Entwicklung der Spielthemen bei. Je mehr sie kennengelernt haben, desto vielseitiger ist der Bereich der Wirklichkeit, den sie in ihren Spielen nachgestalten. Die Möglichkeiten werden also mehr von den realen Erfahrungsmöglichkeiten beeinflußt als vom verbalen Erziehungseinfluß.

Die Inhalte der Spiele hängen von der Epoche, Geschlechts- und Klassenzugehörigkeit des Kindes ab. Das heißt, daß kleine Mädchen sich durch das Spiel andere Normen aneignen als Jungen. Kleine Mädchen spielen andere Spiele, haben andere »Vorbilder« als Jungen. Mädchen erwerben im »mädchenspezifischen« Spiel spezifische Fertigkeiten, Einstellungen und Verhaltensweisen, ebenso wie Jungen im »jungenspezifischen« Spiel. Das Mädchen erwirbt durch das mädchenspezifische Spiel, in dem es die Beziehung der Frau zu anderen Menschen und zu Gegenständen nachgestaltet, »frauenspezifische« Fertigkeiten, Eigenschaften und Interessen. Der Junge erwirbt durch das jungenspezifische Spiel, »männerspezifische« Fertigkeiten, Eigenschaften und Interessen. (Beide haben ihre Variationen durch ihre jeweilige Klassenzugehörigkeit.)

So gewinnen Mädchen und Jungen Vorstellungen darüber, was für sie gut und was schlecht ist, was man als Mädchen oder Junge tun darf und was nicht. Sie lernen vor allem auch, sich zu anderen Menschen und eigenen Handlungen geschlechtsspezifisch zu verhalten. (Was sich auch in den Untersuchungen zur Entwicklung der Geschlechtsidentifikation und Geschlechterrollen-Stereotype zeigen wird.) Im Spiel gestalten also kleine Mädchen (und kleine Jungen) bereits mannigfach Momente der geschlechtsspezifischen (und auch der klassenspezifischen) Tätigkeiten nach, üben die geschlechts- sowie klassenspezifische Arbeitsteilung ein. Im Vorschulalter werden kleine Mädchen verschärft qualifiziert für »typische weibliche Arbeitstätigkeiten«, die sie später entsprechend ihrer Funktionszuweisung als Hausfrau, Mutter und Ehefrau zu verrichten haben. Umgekehrt werden die Jungen auf ihre geschlechtsspezifische Funktion vorbereitet. Sie lernen eine Vielfalt spezifisch »männlicher« Tätigkeiten mit all den damit verbundenen Privilegien und Hierarchien.

In dieser Zeit werden intensiv diejenigen geschlechtsspezifischen Eigenschaften, Fertigkeiten und Interessen entwickelt, die die Voraussetzung für das Ausüben der geschlechtsspezifischen Tätigkeiten sind. Zunehmend lernt das Mädchen (der Junge) einzelne Aufträge und komplizierte geschlechtsspezifische Aufgaben zu bewältigen (Vgl. Kapitel über Mädchenarbeit).

Wir wissen, daß die Bekanntschaft des Kindes mit der Umwelt wesentlich zur Entwicklung der Spielthemen beiträgt. Wir wissen auch, daß diese Bekanntschaft des Mädchen nicht nur eine andere, sondern eine sehr viel eingeengtere ist als die der kleinen Jungen. So ist der Bereich der Wirklichkeit, den kleine Mädchen kennenlernen und im Spiel nachgestalten, auf ihre zukünftige Rolle als Hausfrau, Mutter und Ehefrau zugeschnitten.

Geschlechtsspezifische Erziehung im Vorschulalter und Ergebnisse

Die drei verschiedenen Spielformen (Funktions-, Konstruktions- und Rollenspiel) haben jeweils spezifische Bedeutung im Rahmen des Lernprozesses der kleinen Mädchen und Jungen. Im Funktionsspiel üben Mädchen und Jungen die Körperbeherrschung und die präzise Steuerung von gezielten und absichtsvollen Bewegungen. Im Konstruktionsspiel erwerben sie konkrete Erfahrungen mit spezifischem Material, lernen materialgerechten Umgang mit Gegenständen und Stoffen, die einfachen Gesetze der jeweiligen Materialien und den sachgerechten Umgang mit leblosem Material. Im Rollenspiel erfassen sie die Beziehungen zwischen den Menschen (Frauen und Männer) und deren Beziehung zur Umwelt. In den folgenden Abschnitten werde ich die spezifische Bedeutung der verschiedenen Spieltätigkeiten ausführlich darstellen – unter besonderer Beobachtung geschlechtsspezifischer Formen der Spieltätigkeiten und ihren Auswirkungen. (Wie rasch dieses Spiel für die Mädchen in Realität umschlägt, d. h. in reale Mithilfe in Hausarbeit und bei der Kinderaufzucht, zeige ich in dem Abschnitt »Mädchenarbeit«.)

Rollenspiel

Für das Vorschulalter ist das Rollenspiel besonders wichtig. Im Rollenspiel übernehmen die kleinen Mädchen und Jungen spielerisch die gesellschaftlichen Aufgaben und Arbeitsfunktionen der erwachsenen Frauen und Männer. Das Kind, das im Spiel die Arbeit und die Beziehungen zwischen den Menschen reproduziert, übernimmt nicht nur die Form, sondern auch den Inhalt, d.h. auch ihre Gefühle und ihre Gedankenwelt. Es erfaßt gründlich den Sinn der menschlichen (d.h. weiblichen und männlichen) Tätigkeiten und die moralische Einstellung der Mitmenschen dazu.

Im Laufe des Vorschulalters verändert sich der Inhalt des Spiels: Hauptinhalt war zunächst die gegenständliche Tätigkeit des Menschen, dann ist es die Beziehung zwischen den Menschen und schließlich wird es die Beachtung von Regeln, die das Verhalten und die sozialen Beziehungen zwischen den Menschen regulieren.

Das konstituierende Moment des Spiels ist die Reproduktion einer Handlung, die man mit dem Terminus »Rolle« bezeichnet. Spiele, in denen die vom Kind übernommene Rolle an erster Stelle steht, werden als Rollenspiele bezeichnet. In dieser Rolle reproduzieren Mädchen und Jungen in verallgemeinerter Form ihnen bekannte Funktionen der erwachsenen Frauen und Männer.

Ein weiteres konstituierendes Moment des Rollenspiels ist die hinter der Rolle verborgene Regel der Handlung. Übernimmt das Mädchen z.B. die Rolle einer Kindergärtnerin, dann übernimmt es zugleich die Regeln und Inhalte, die sich hinter deren sozialer Funktion verbergen. Es achtet beispielsweise darauf, wie sich die Kinder beim Mittagessen verhalten, oder es fordert sie auf, sich schlafen zu legen, sich die Hände zu waschen usw. Diese Einheit von Rolle und Regel drückt die Einheit des gegenständlichen und sozialen Spielinhaltes aus, die sich im Vorschulalter entwickelt und während des ganzen Vorschulalters erhalten bleibt.

Das Rollenspiel ist seinem Ursprung und Inhalt nach sozial. Seine

Einstellung und Entwicklung hängt von der Stellung ab, die das Kind im System der konkreten sozialen Beziehungen einnimmt. Und da Mädchen (Frauen) eine andere, geringere soziale Stellung einnehmen als Jungen (Männer), führt dies – neben der klassenspezifischen – auch zu einer geschlechtsspezifischen Entwicklung des Rollenspiels. Über das Thema und den Inhalt des Rollenspiels treten Mädchen und Jungen mit den Bereichen des gesellschaftlichen Lebens in Verbindung, in denen sie später entsprechend ihrer geschlechtsspezifischen Funktionszuweisung leben werden, an denen sie aber in diesem Stadium noch nicht unmittelbar teilnehmen.

In den Anfangsformen des Rollenspiels steht zunächst noch die gegenständliche Tätigkeit im Vordergrund. In den gegenständlichen Handlungen reproduziert und übt das Kind in verallgemeinerter Form ihm bekannte Arbeitsfunktionen der erwachsenen Frauen und Männer.

Einige Anfangsformen werden gleichermaßen von Mädchen und Jungen ausgeübt – z.B. die Rolle des Reiters –, doch die meisten differenzieren geschlechtsspezifisch. So werden Mädchen angehalten, Puppen zu füttern, zu waschen, zu streicheln und zu wiegen. Mit diesen gegenständlichen Handlungen reproduzieren sie die spezifischen »weiblichen« Arbeitstätigkeiten in spielerischer Form. Das gleiche ist bei den Rollenspielen, zu denen Jungen angehalten werden, wie Schornsteinfeger oder Autofahrer usw. der Fall. Auch sie werden durch die gegenständliche Handlung, die sie im Rollenspiel vollziehen, auf ihre spezifisch »männlichen« Arbeitstätigkeiten vorbereitet.

Mit zunehmender Entwicklung des Rollenspiels treten die menschlichen Beziehungen deutlicher hervor. Es kommt zu kollektiven Spielen, in denen die Handlungen im Hinblick auf andere Menschen in den Vordergrund treten. Mit der Übernahme dieser Rollenspiele reproduziert das Kind jetzt auch die sozialen Beziehungen zwischen Erwachsenen im Rollenspiel, also auch die geschlechtsspezifischen Beziehungen zwischen Erwachsenen im Rollenspiel, also auch die geschlechtsspezifischen Beziehungen von Frauen und Männern, und damit auch die spezifischen Unter- und Überordnungsverhältnisse zwischen den Geschlechtern. So reproduziert das Mädchen z.B. im Rollenspiel »Arzt-Schwester« (oder »Pilot-Stewardeß« und »Vater-Mutter«) seine untergeordnete Stellung und der Junge die übergeordnete. Auch hier kann also nicht nur von einer »Andersartigkeit« die Rede sein, sondern es muß von einer Minderwertigkeit der weiblichen Rolle gesprochen werden. Denn das weibliche Rollen-Angebot ist gekennzeichnet durch Unterordnung und Abhängigkeit in Relation zu

Männern. Die männlichen Rollen zeichnen sich durch eine relative Autonomie und Überordnung im Verhältnis zu Frauen aus. Das ist entscheidend.

Viele Autoren sehen diese geschlechtsspezifischen Unterschiede in den Rollenspielen sehr klar. Aber sie fragen nicht nach den Ursachen. D. h. sie halten »angeborene« Geschlechtsdifferenzen für die Ursache und suchen nicht nach Anerzogenem. Ein gutes Beispiel dafür ist Hansen. Er schreibt: »Schon in der frühen Phase unterscheiden sich Knaben- und Mädchenspiele meist nicht nur beträchtlich in der Idee, sondern auch in der Art der Durchführung und Ausgestaltung. Die Deutungsspiele, Spielhandlungen und -gegenstände der Mädchen sind inhaltlich meist dem Leben in der Familie, dem Haushalt und allem, was damit zusammenhängt, entnommen. Die Spielwelt des Knaben dagegen liegt überwiegend außerhalb des Hauses: Jungen spielen Motorradfahrer, Autofahrer, Schaffner oder Führer von Straßenbahnen oder Eisenbahnen usw. Alles Technische beeindruckt sie außerordentlich und ist Mittelpunkt ihrer Spieldeutungen.«[65] Und weiter: »Doch behalten Mädchen auch dabei ihre Eigenheiten: sie fahren z. B. mit der Eisenbahn der Knaben, überlassen ihnen aber die technischen Posten und begnügen sich selbst damit, in der Eisenbahn das Kind zu pflegen.«[66]

Dazu auch Hübsch und Reiniger: »Verfolgen wir das Spiel der Mädchen, so finden wir, daß im Mittelpunkt ihres Interesses die Fiktionen, die sich um Personen und Geschehnisse des Lebens innerhalb des Hauses und die Familienform« drehen, stehen. »Den Jungen lockt vor allem die Weite, Personen und Geschehnisse außerhalb des Hauses und außerhalb der Familienform . . . dabei wird von den Buben vor allem versucht, technisches Wissen zu zeigen, die Materie möglichst vollkommen zu beherrschen . . .«.[67] Und: »Beim Mädchen ist man vielfach versucht, schon in diesem frühen Alter von einer ästhetischen Haltung (Rolle Ballerina, Prinzessin) zu sprechen . . . Vielmehr sind Detaillierung und Formung bis in Feinheiten erwünscht – und generell für Spielhandlungen von Mädchen kennzeichnend (. . .). Ebenso im Benehmen und Sprechen . . . dabei braucht man nicht mal auf die spezifischen mädchenhaften Pflege- und Haushaltsspiele hinzuweisen. Auch etwa Kaufmann und Lehrer, Besucherspiele, ja selbst Eisenbahn oder Zoospiele erfahren bei Mädchen eine feinere Ausgestaltung als bei Knaben.«[68] Alle Beispiele bleiben auf der Ebene der Beschreibungen der Erscheinung, ohne nach dem Warum zu fragen.

Im weiteren Verlauf des Vorschulalters ändern sich die Spieltätigkeiten. Hauptinhalt war zunächst die gegenständliche Tätigkeit der Erwachsenen. Danach sind es die Beziehungen zwischen den Erwachsenen. Und schließlich wird es die Beachtung der Regeln, die das Verhalten und die sozialen Beziehungen zwischen Menschen bestimmen.

Experimentelle Untersuchungen zeigen laut Elkonin[69], daß es dabei folgendes Gesetz gibt: Die Entwicklung des Spiels beginnt mit offenen Rollen, hinter denen sich bestimmte Regeln verbergen (z.B. Reiter) und führt zu Spielen mit offenen Regeln, bei denen die Rolle verborgen bleibt (z. B. Verstecken). Das Spiel verändert sich also im Laufe seiner Entwicklung. Die Rollenspiele mit offenen Situationen werden zu Regelspielen, in denen die vorgestellte Situation und die Rolle in verborgener Form enthalten sind. So unterscheiden sich Regelspiele wie Verstecken oder Tischspiele erheblich von Rollenspielen, in denen z.B. die Tätigkeit eines Arztes oder eines Polarforschers nachgestaltet wird.

Es hat den Anschein, als stellten Rollen- und Regelspiel zwei verschiedene Entwicklungslinien dar. In Wirklichkeit entwickelt sich jedoch die eine Form unmittelbar aus der anderen, und zwar aufgrund von Notwendigkeiten in der Spieltätigkeit des Kindes. Die Regelspiele entwickeln sich aus dem Rollenspiel mit vorgestellten Situationen. Aus den Bezeichnungen mancher Regelspiele, wie z.B. »Katz und Maus« oder »der Wolf und die Schafe«, läßt sich noch das ursprüngliche Rollenspiel erkennen. Die Regelspiele kommen relativ spät im Vorschulalter auf. Drei- bis vierjährigen Kindern fällt es noch recht schwer, sich Spielregeln unterzuordnen.

Warum entstehen Regelspiele erst in einer bestimmten Entwicklungsphase und nicht gleichzeitig mit den Rollenspielen? Der Grund liegt in der Motivation des Spiels. Die ersten Spielhandlungen entspringen dem wachsenden Bedürfnis und der Notwendigkeit für das Kind, die von den Menschen geschaffenen Gegenstände zu beherrschen. Die Handlung ist für das Kind ein Mittel, die gegenständliche Wirklichkeit zu erschließen: das Menschliche offenbart sich ihm in vergegenständlichter Form.

Während der Entwicklung des Spiels treten die menschlichen Beziehungen, die seinem gegenständlichen Inhalt innewohnen, immer deutlicher zutage. So fährt z.B. der Straßenbahnfahrer nicht nur seine Straßenbahn, sondern tritt auch in bestimmte Beziehungen zu den Fahrgästen und zu dem Schaffner. Schon auf einer relativ frühen Entwicklungsstufe der Spieltätigkeit sieht das

Kind in einem Gegenstand nicht nur die Beziehungen des Menschen zu diesem Objekt, sondern auch Beziehungen von Menschen zueinander.

Es kommt zu kollektiven Spielen, bei denen die Kinder nicht nur nebeneinander, sondern miteinander spielen. Die sozialen Beziehungen offenbaren sich als Beziehungen der Mitspieler zueinander. Damit ändert sich auch die Rolle. Ihr Inhalt bestimmt jetzt nicht nur die Handlung des Kindes im Hinblick auf den Gegenstand, sondern auch in bezug auf weitere Spielteilnehmer. Es kommen immer mehr Spiele auf, in denen diese Handlungen im Hinblick auf andere Menschen in den Vordergrund treten.

Die Entwicklung gemeinsamer Spiele mit entfalteten sozialen Beziehungen ist die wichtigste Voraussetzung dafür, daß das Prinzip der Spielregel erfaßt wird. Auf dieser Grundlage entsteht das Regelspiel. In diesen Spielen sind nicht Rolle und Situation festgelegt, sondern Regel und Aufgabe. Es gilt, unter bestimmten Bedingungen ein gegebenes Ziel zu erreichen. Damit unterscheiden sie sich weitgehend von den Spielen des jüngeren Vorschulkindes.

Es ist kennzeichnend für das Regelspiel, daß in ihm eine Aufgabe enthalten ist. Die Entwicklung hebt diese Spielaufgabe immer deutlicher hervor und macht sie immer klarer bewußt.

Wie bei allen Spieltätigkeiten muß auch bei den Regelspielen zwischen den spezifischen Mädchen- und Jungen-Regelspielen unterschieden werden. Auch hier kann man nicht von einer allgemeinen Entwicklung des Regelspiels beim Kind sprechen. Zu den Regelspielen gehören: Abzähl- und Auszählreime, Kettenspiele, Reigenspiele, Haschespiel, Länderraub, Ballspiele, Namenraten, Anschlagspiele, Versteckspiele, Geschicklichkeitsspiele, Bewegungsspiele, Seilspringen und Kartenspiele. Um die Funktion spezifischer Mädchen-Regelspiele deutlich zu machen, will ich exemplarisch das »Seilspringen« sowie das »Ballspielen gegen die Wand« beschreiben.

Das »Seilspringen« wird allein oder gemeinsam mit anderen gespielt. Dabei springt das Mädchen in den verschiedensten Variationen auf einem oder zwei Beinen. Man braucht eine beachtliche Koordinierungsgabe der Bewegungen, manche Mädchen bringen es zu einer unglaublichen Virtuosität. Diese Art von Seilspringen ist kleinen Jungen unbekannt, sie geben sich mit so etwas gar nicht ab, sie bezeichnen es verächtlich als »Weiberspiele«.[70] Auch im »Ballspielen gegen die Wand« gibt es außer dem Grundspiel eine außergewöhnliche Vielfalt von Variationen: das Mädchen wirft den Ball unter dem Knie durch, der Ball wird nach einer ganzen Drehung gefangen, rückwärts geworfen usw.

Der Schwerpunkt dieser sich ständig wiederholenden, einengenden Spiele liegt darin, die einzelnen begrenzten Spielvorgänge zu verfeinern und zu perfektionieren – aber auch zu begrenzen. Diese Art von Mädchenspielen zeigt eine »Vorliebe für Spielriten und Zeremonien, was sich später als demütige und fast gewollte Unterwerfung unter eine ständige Nötigung durch Monotonie und Formalität äußert«.[71]

Hier werden Mädchen früh in das eingeübt, was sie später als Frauen in Haus und Beruf auszuführen und hinzunehmen haben: Monotonie und repetitive Tätigkeiten – wozu sie im Kindesalter spielerisch befähigt werden – müssen sie im Erwachsenenalter real – z.B. beim Spülen oder am Fließband – ausführen. Symptomatisch für die typisch »weibliche« Situation ist diese Begrenzung – örtlich wie inhaltlich – und das sich fast zwanghafte Bewegen innerhalb dieser angegebenen Grenzen.

Sportspiele

In den ersten Jahren werden noch gemeinsame Sportspiele zwischen Mädchen und Jungen gemacht. So z.B. Lauf- und Haschespiele sowie Singspiele. Bei diesen in den Sportbüchern als »kleine Spiele« bezeichneten frühen Sportspielen ist das Geschlecht noch nicht von so vorrangiger Bedeutung, wie es dann allerdings sehr schnell der Fall wird. »Der überwiegende Teil der kleinen Spiele eignet sich für Jungen und Mädchen. Auf einige Spiele jedoch, die harten körperlichen Einsatz und große Kraftanstrengung verlangen, wo Ringen und Raufen im Vordergrund stehen, sollte man bei Mädchen verzichten oder das Spiel abwandeln.«[72]

Solche Aussagen sind typisch für die geschlechtsspezifische Ausrichtung auch im sportlichen Bereich. Mädchen wird a priori die Möglichkeit einer Entwicklung körperlicher Fähigkeiten abgesprochen. Durch systematische Begrenzung und mit zunehmendem Alter wachsender Behinderung im physischen Bereich werden Mädchen an der Entwicklung körperlicher Kraft und Gewandtheit gehindert. Auch hier das immer wiederkehrende Muster: Erst mit den Folgen geschlechtsspezifischer Behandlung werden die angeblichen Ursachen, nämlich die »angeborenen Unterschiede«, belegt und konstruiert.

Jungen hingegen werden in Sportspielen gefördert, die »harten körperlichen Einsatz und große Kraftanstrengungen« verlangen. Diese gezielte Förderung der Jungen wird allerdings nicht als solche erkannt oder eingestanden. Jungen »drängen« angeblich stärker nach freien Rivalitätsspielen als Mädchen, Kampf und Wettspiele treten für sie in den Vordergrund. Mädchen bleiben bis zum Ende der Kindheit dem Reigen treu. »Das Verbundensein in harmonischer Form gemeinsamen Tuns macht für das Mädchen den Reigen noch in diesem Alter wertvoll.«[73]

Jungen werden in Sportspielen gelenkt, in denen sie »mehr leisten können, wo Einsatzfreudigkeit und der Kampf mit dem Gegner ausgeprägter hervortreten, Gewandtheit und Entschlußkraft verlangt werden. Die Mädchen dagegen wenden sich auch weiterhin noch gern den Singspielen zu, ... auch einfache Lauf- und Ballspiele, von Jungen schon abgetan, werden von den Mädchen noch gewünscht.«[74]

Mädchen bleiben so, was Entwicklung von Körperkraft und Gewandtheit usw. angeht, auf dem Niveau von kleinen Jungen. Die Jungen sind die Norm, die Mädchen – daran gemessen – minderwertig. Mädchen dürfen, wenn sie Sportspiele betreiben, die gewisse Körperkraft erfordern, immer nur minderwertige Abweichungen von der Norm spielen. »Das Verdrängen, z.B. ein schönes Kraftspiel für Jungen und Männer, dürfte für Mädchen und Frauen nur in abgeänderter Form geeignet sein«, und: »Bei einigen Ballspielen läßt man Mädchen und Frauen verständlicherweise besser keine großen Medizinbälle fangen, sondern ersetzt sie durch leichte Vollbälle oder größere Hohlbälle.«[75]

Selbst da, wo nicht ein offensichtlich geschlechtsspezifisches Verhalten vorliegt, wird dieses Verhalten zumindest geschlechtsspezifisch interpretiert. Das heißt, entweder verhält ein Mädchen sich (als Folge des Weiblichkeitsdrills) schon ganz und gar »mädchenhaft«, oder ihm werden für neutrales Verhalten wie z. B. Fangenspielen zumindest »weibliche« Motive unterschoben. So schreiben Hübsch und Reininger: »Spielen Mädchen Fangen, dann sicherlich nicht vor allem wegen der vergnüglichen Funktion des Laufens, sondern für sie ist die persönliche Beziehung zum Fangenden, der Wunsch nach persönlicher Überlegenheit, die Freude an Geschicklichkeit und Eleganz der Bewegungen wahrscheinlich wichtiger, wie die reine Kraftbetätigung bei Jungen. Fangen steht bei Mädchen eher im Dienst der Ausbildung der Körpergewandtheit, daher auch das Hinneigen der Mädchen zum Reigenspielen.«[76]

Diese Frauen angeblich angeborene Grazie und größere Zartheit in den Bewegungen, ihre Geschicklichkeit ist nichts anderes als das Resultat systematischer Übung von klein auf in eben diesen Bereichen. Ein anderer Gang, eine unterschiedliche Körperhaltung der Frau oder größere Körperkraft und Gewandheit des Mannes sind nicht natürliche Geschlechtsdifferenzen, sondern Resultat langjähriger systematischer Übungen.

Die extreme Vernachlässigung gerade von körperlichen Kraftübungen (wie z. B. auch Ringen) hat für Mädchen und Frauen oft folgenschwere Konsequenzen: körperliche Unterlegenheit und damit auch oft Unvermögen, sich gegen die trainierte Körperkraft bzw. Gewalt von Jungen oder Männern zu wehren.

Die Vernachlässigung von Mädchen und ihre Diskriminierung findet sich auch in den Illustrationen von Sportbüchern. Im allgemeinen werden in Sport- und Turnbüchern vorwiegend Jungen abgebildet, äußerst selten auch mal ein Mädchen. Mädchen werden fast nur bei reinen Mädchenübungen, wie Reigen oder Seilspringen, abgebildet. (Gemeinsame Abbildungen von Jungen und Mädchen finden sich nur bei den sogenannten »kleinen Spielen«, also vorwiegend in Turnbüchern für Kindergarten und Vorschule.). Das heißt: Mädchen wird nur eine infantile Art von körperlicher Ertüchtigung zugebilligt. Die späteren Folgen dieser Erziehung sind hinlänglich bekannt . . . Eine davon ist, daß die erwachsenen Frauen Männergewalt so schwach und resigniert hinnehmen, daß sie sich sogar schlagen lassen.

Konstruktionsspiele

Die Konstruktionsspiele beginnen (nach Clauss und Hiebsch[77]) im zweiten Lebensjahr und nehmen an Häufigkeit bis in die Schulzeit hinein zu. Dabei wandeln sich natürlich die Formen ganz erheblich. Die Arten der Konstruktionsspiele hängen im wesentlichen vom Einfluß der Erziehungsperson ab, werden bestimmt durch die Epoche, die Geschlechts- und Klassenzugehörigkeit. Früher anregender Einfluß durch Erziehungspersonen kann zu einem früheren Beginn des Konstruktionsspiels führen. Es ist falsch anzunehmen, daß sich Spielformen gewissermaßen von allein entwickeln.

Zu Beginn der Entwicklung der Konstruktionsspiele dürfen Mädchen und Jungen noch viele Konstruktionsspiele gemeinsam machen. Das ändert sich mit wachsendem Alter.

Zu den früheren Formen der Konstruktionsspiele gehören die bei Charlotte Bühler[78] zitierten: Bauen mit Würfeln, Bausteinen, Bearbeiten von Sand, Knöpfe legen, Sterne aus Kugeln legen, Zeichnen, Abziehbilder herstellen, Ketten auffädeln, Schattenbilder an die Wand projizieren usw. Zu den späteren: Bauen mit komplizierten Baukästen, technisch-wissenschaftliches Spielzeug, Stricken, Sticken usw. Fast all diese Beispiele zeigen bereits die Geschlechtsspezifik der Konstruktionsspiele.

So erwerben die Jungen durch die »jungenspezifischen« Konstruktionsspiele eine Vielfalt spezifischer Einsichten, Gesetzmäßigkeiten spezifischer Materialien und den sachgerechten Umgang damit. Diese Materialien entsprechen weitgehend ihrer spezifischen Funktionszuweisung im Produktionsprozeß.

»Der kleine Baumeister lernt im praktischen Hantieren mit dem Spielmaterial die einfachen Gesetze der Statik und der Festigkeitslehre kennen . . . er bemerkt, was man mit einem bestimmten Stoff alles machen kann und was sich durch die Beschaffenheit des Materials verbietet.«[79]

Auch die Mädchen lernen durch die »mädchenspezifischen« Konstruktionsspiele, die allerdings weniger vielfältig sind, sehr früh materialgerechten Umgang mit Stoffen und Gegenständen. Allerdings gezielt mit den Stoffen und Materialien, mit denen sie später als Hausfrau, Mutter und Ehefrau umgehen müssen. Neben dieser Festlegung auf spezifisch »Weibliches« ist auch die Variationsbreite der Mädchen-Konstruktionsspiele geringer als die der Jungen.

Bei kleinen Mädchen finden wir also wieder nicht nur die Andersartigkeit der Spiele, sondern vor allem auch die Minderwertigkeit: die stärkere Einengung. Mädchen werden nicht umfassend in den Umgang mit vielen Materialien eingeübt, sondern nur begrenzt und gezielt entsprechend den Erfordernissen der Hausarbeit und Kindererziehung unterwiesen.

Bei Jungen ist generell ein wesentlich höherer Anteil von Konstruktionsspielen zu finden, bei Mädchen überwiegen Rollenspiele. Dies wird belegt durch Ergebnisse von Dannhauer[80] sowie Beobachtungen von Rüssel[81]. Jungen werden also in dieser Entwicklungsphase vorwiegend in den Umgang mit Material eingeübt, Mädchen hingegen in sozialen Beziehungen.

Geschlechtsspezifisches Spielzeug

Die meisten Erwachsenen geben vor, sie ließen die Kinder selbst die Spielzeugwahl treffen. Daß jedoch von »Wahl« nicht die Rede sein kann, sondern Mädchen und Jungen unausweichlich geschlechtsspezifisches Spielzeug angeboten wird, zeigt unter anderem eine Studie von Goodman und Lever[82]. Sie untersucht die Gesetzmäßigkeit, die Erwachsene bei der Auswahl von Kinderspielzeug befolgen. Dabei stellte sich heraus:

1. Bis zum Alter von zwei Jahren erhalten Mädchen und Jungen oft gleiches Spielzeug: Stofftiere, Holzblöcke, erzieherisches Spielzeug, um Farben und Zahlen zu lernen. Doch je älter Mädchen und Jungen werden, desto größer wird die Differenzierung in »weibliches« und »männliches« Spielzeug.

2. Die meisten Spielwarenverkäufer offerieren oft ungefragt traditionelles »Mädchen-« und »Jungenspielzeug«, das sich an den sozialen Normen für Mädchen und Jungen orientiert. (»Ist es für einen Jungen oder für ein Mädchen?«).

3. Die Mehrheit der Erwachsenen hält sich strikt an diese Normen. Nur wenige erlauben, daß ein Kind ein gewünschtes Spielzeug bekommt, das von der Geschlechtsnorm abweicht.

Diese Untersuchung ergab, daß z. B. kein einziges wissenschaftliches Spielzeug für Mädchen gekauft wurde!
Auch Eltern, die nicht bewußt nach einem geschlechtsspezifischen Spielzeug greifen, werden spätestens im Laden dazu gedrängt. Und der Handel wird bereits entsprechend beliefert: Denn die Spielzeugindustrie stellt kein Kinder-Spielzeug, sondern Mädchen- und Jungen-Spielzeug her. Und der Spielwaren-Handel leitet es entsprechend weiter.
Daß dabei Mädchen- und Jungenspielzeug nicht nur äußerlich, sondern auch in der Qualität unterschiedlich ist, beweisen Goodmann und Lever in ihrer Untersuchung. Sie zeigen die klare relative Minderwertigkeit des »weiblichen« Spielzeugs gegenüber dem »männlichen«. So ergab ihre intensive Analyse von Spielwarenkatalogen, Beobachtungen in Spielwarenläden, Interviews mit Spielwaren-Verkäufer(inne)n und die Auswertung von Fragebögen, die die Einstellung von Erwachsenen und Kindern zu bestimmtem Spielzeug sondierten, folgendes:

1. Jungen-Spielzeug ist variationsreicher und teurer. Es wird als »vielfältiger« und »aktiver« eingeschätzt;
2. Mädchenspielzeug gilt als »simpel« und »passiv«;
3. neutrales Spielzeug gilt als kreatives und als erzieherisch.

Der tatsächliche Spielwaren-Besitz von Kindern ist das Resultat all dieser geschlechtsspezifisch kanalisierten Angebote und Nachfragen von Erziehungspersonen und Umwelt. So berichten je 42 von Goodman und Lever nach ihren Weihnachtsgeschenken befragte Mädchen und Jungen von einer nahezu identischen Anzahl von Geschenken. Innerhalb dieser Geschenke jedoch gab es erhebliche qualitätsmäßige Differenzen. Das Spielzeug der Jungen war teurer als das der Mädchen, breiter gestreut und von den Erwachsenen mit mehr Zeitaufwand ausgesucht worden.
Sehr bemerkenswert ist auch, daß die Geschenke der Jungen zu 73 % aus Spielsachen bestanden, die der Mädchen jedoch nur zu 57 %. Der Rest, fast die Hälfte der Geschenke der Mädchen, bestand aus »Nützlichem«: Kleidung, Geld und Einrichtungsgegenstände (für den akuten Gebrauch und wahrscheinlich auch schon für die »Aussteuer«).
Sehr bezeichnend für die Eindeutigkeit des geschlechtsspezifischen Spielzeugs sind auch die Kostüme. Die Studie von Goodman und Lever zeigt, daß die Rollenkostüme für Jungen typisch

»männlich« sind, das heißt, aktive, wissende und mächtige Personen verkörpern (Indianerhäuptling, Autorennfahrer, Astronaut, Supermann, Arzt usw.). Die Rollenkostüme für Mädchen sind ebenso typisch »weiblich«, das heißt, dekorativ, machtlos und dienend (Prinzessin, Braut, Ballerina, Krankenschwester usw.). Noch offensichtlicher wird die Relation zwischen Jungen und Mädchen bei diesen Spielen, wenn man sich die jeweils männlich-weiblichen Pendants vergegenwärtigt: z. B. Arzt (mit dem Zubehör Stethoskop, Blutdruckmesser, Rezeptblock, Mikroskop etc.) und Krankenschwester (Kittel, Eßtablett zum Servieren usw.). Hier wird die dienende Funktion der weiblichen Rolle in bezug auf ihre Umwelt und ihren männlichen Mitspieler ganz klar.

Spielen Mädchen und Jungen zusammen, werden meist neutrale Spiele gespielt (wie Kartenspiele, Brettspiele, Verstecken etc.). Bemerkenswert ist, daß bei der Einschätzung das neutrale Spielzeug als das »kreativste« und »erzieherischste« gilt. Das zeigt, daß die Aufhebung der Einengung auf geschlechtsspezifisches Spielzeug für beide Teile (Mädchen wie Jungen) erweiternd ist.

Schaut man sich dieses sogenannte »neutrale Spielzeug« jedoch genau an, so wird klar, daß nur ein Teil wirklich neutral ist (z. B. Puzzles, Mosaik, Malfarben usw.). »Neutrale« Spiele, die aus präzise zu identifizierenden Elementen und Strukturen bestehen, zeigen schon wieder geschlechtsspezifische Tendenzen. So fand Elena Belotti[83] heraus, daß schon das Angebot dieses »neutralen« Spielzeugs wieder »weiblich« und »männlich« und mit den entsprechenden spezifischen Inhalten verbunden ist: auf kleinen Legokästen z. B. sind Mädchen abgebildet, auf großen Jungen.

Hier setzt sich also fort, was bei dem eindeutig geschlechtsspezifischen Spielzeug ganz klar ist: Da werden z. B. auf drei von vier Chemie-Bau-Kästen ausschließlich Jungen dargestellt, und nur auf einem von vier Jungen und Mädchen (kein einziges Mal ein Mädchen allein). Die simplen Holzbauklötze, Quadrate und Dreiecke allerdings werden wieder mit Abbildungen von Mädchen und Jungen gemeinsam angeboten[84].

Wissen und Technik wird beim Spielangebot immer mit dem Männlichen assoziiert, einfache Spiele immer mit dem Weiblichen. Ein Mädchen kann sich unter solchen Umständen gar nicht für Technik interessieren, ihr Interesse wird nicht entwickelt oder rasch gestoppt.

Bezeichnenderweise fanden Goodman und Lever bei einer Analyse der Illustrationen von Spielzeug-Katalogen heraus, daß Väter immer in der Rolle des Wissenden, Belehrenden, Unterrichtenden gezeigt werden und Mütter in der Rolle der Zuschauerin oder bei der Hausarbeit.

Schon im Vorschulalter wird aus dem Spiel langsam ernst, es bildet sich die eigentliche Arbeitstätigkeit heraus. Unter dem Einfluß der Erziehungspersonen lernen die Kinder allmählich die Bewältigung einzelner Aufgaben. Mädchen und Jungen werden in diesem Entwicklungsstadium einerseits weiter durch verschiedene Spiele auf ihre spezifischen Aufgaben als Frauen und Männer vorbereitet, andererseits wird ein Teil der entwickelten Fähigkeiten schon jetzt in die Realität umgesetzt. Konkret heißt das: bereits in diesem Alter müssen Mädchen zu Hause arbeiten. Diese Mädchenarbeit nimmt ein viel größeres Ausmaß ein als bisher vermutet.

Zunächst beteiligen sich Mädchen und Jungen noch relativ gleich an häuslichen Arbeiten. Zunehmend zeichnen sich aber dann qualitative und quantitative Unterschiede ab. Zu den spezifisch »weiblichen« und »männlichen« Aufgaben ist zu sagen, daß nach Sears, Maccoby und Levin[85] bereits bei den Fünfjährigen die Mädchen z. B. Bettenmachen, Tische decken und abwaschen und die Jungen z. B. Mülleimer ausleeren.

Der geschlechtsspezifische Charakter der häuslichen Aufgaben verschärft sich mit zunehmendem Alter. So gaben neun- bis zehnjährige Mädchen bei Befragungen [86] an, vorwiegend »Reinigungsarbeiten« zu verrichten: Staubsaugen, Wischen, Kehren, Bettenmachen, Kartoffelschälen, Kochen, Backen, Waschen und Bügeln; Jungen hingegen besorgen die Feuerung, holen Kohlen und Kartoffeln aus dem Keller. Die weiblich-männliche Teilung in drinnen/draußen ist offensichtlich. Auch die quantitative Unterscheidung verschärft sich mit zunehmendem Alter. So zeigt eine Studie von Friedrich/Bergk[87], daß im Alter von 12 Jahren etwa doppelt soviel Mädchen täglich zu über anderthalb Stunden Hausarbeiten hinzugezogen werden und im Alter von ca. 16 Jahren etwa viermal soviel wie Jungen.

Die Friedrich/Bergk-Studie:

Täglich über 1½ Stunden im Haushalt helfen:

– in der 6. Klasse   3 Jungen :   5 Mädchen
– in der 8. Klasse   3 Jungen :   6 Mädchen
– in der 10. Klasse   3 Jungen : 12 Mädchen

Welche Ausmaße die reale Belastung von Mädchen bei Hausarbeit und Kindererziehung annimmt, kann man bei diesen Daten nur ahnen.

Bei den *regelmäßigen* Hausarbeiten werden genau doppelt soviel Mädchen wie Jungen hinzugezogen. »Dabei muß noch berücksichtigt werden, daß die meisten regelmäßigen Pflichten der Mädchen in Umfang und im Inhalt höhere Anforderungen stellen als die der Jungen«[88].

Diese frühe Arbeitstätigkeit der Mädchen vervollständigt einerseits ihre »weiblichen« Fähigkeiten, perfektioniert sie und verfestigt zum anderen spezifisch »weibliche« Eigenschaften. Dadurch lernen sie viel eher und perfekter als die Jungen, ihre persönlichen Interessen dem Gemeinwohl unterzuordnen, ihre Arbeit zu organisieren, kurz: ihr Verhalten den objektiven Erfordernissen gemäß zu steuern. Dieses Training in der Verhaltenssteuerung, in der Ausführungsregulation von Handlungen ist sehr hoch einzuschätzen. Es trägt wesentlich dazu bei, daß sich besonders bei den Mädchen folgende Eigenschaften, die in enger Beziehung zum Disziplinverhalten stehen, früh und gut ausprägen: Gewissenhaftigkeit, Pflichtbewußtsein, Ausdauer, Hilfsbereitschaft, Einsatzbereitschaft, Fleiß, Selbstüberwindung, Rücksicht usw. Die Mädchen werden auf diese Weise zeitiger und intensiver dazu erzogen, sich diszipliniert zu verhalten. Für die Jungen bleiben hingegen wichtige erzieherische Potenzen weitgehend ungenutzt.«[89]

Diese konkrete Arbeit erfordert und fördert also die Bereitschaft zur Unterordnung der eigenen Persönlichkeit – und das nicht nur, wie Otto meint, »unter das Gemeinwohl«, sondern auch unter das Wohl des einzelnen Mannes. Die Arbeitstätigkeit des kleinen Mädchens entspricht exakt der der erwachsenen Frau in Hausarbeit und Kindererziehung. Größeres Pflichtbewußtsein, Fleiß und Selbstüberwindung usw. bedeuten aber vor allem auch ein Mehr an Arbeit für Mädchen. Die Jungen hingegen bleiben weitgehend verschont und nehmen schon jetzt die Dienstleistungen von Mädchen in Anspruch.

So müssen Mädchen entsprechend der Alleinverantwortung und Übernahme der gesamten Arbeit im Haushalt und Kindererziehung durch die Frauen, mit zunehmendem Alter fast ausschließlich im Haushalt mithelfen. Jungen hingegen entsprechend ihrer totalen Unverantwortlichkeit und ihrer Freiheit von Hausarbeit und Kindererziehung, bleiben verschont und profitieren auch schon davon.

Als Rechtfertigung für diese lebenslange Zuständigkeit der Frauen für Hausarbeit und Kinderaufzucht dienen die perfekt entwickelten Fähigkeiten und Eigenschaften, die, da sie schon so früh verankert wurden, quasi »reflexartig« ausgeführt werden und so als natürlich, angeboren erscheinen.

4. Geschlechtsrollenmodelle

Medien

Der Einfluß der Medien ist zwar indirekt, aber in seiner Auswirkung keinesfalls zu unterschätzen. Untersuchungen zeigen, daß die geschlechtsspezifischen Rollenmodelle vom Bilderbuch bis zur Fernsehsendung noch konservativer sind als die Realität. Auch bei scheinbar progressiven Sendungen, wie z. B. der »Sesamstraße«, die ich nachfolgend exemplarisch analysieren werde.

Die Medien sind nicht nur Spiegel der sexistischen Realität in unserer Gesellschaft, sondern darüberhinaus durch die zusätzliche Verzerrung des Mann-Frau-Bildes selbst Instrument zur Manipulation dieser Realität.

Bilderbücher

Welche Rolle spielen dabei die Bilderbücher? Durch sie lernen Mädchen und Jungen etwas über die Welt außerhalb ihrer unmittelbaren Umgebung. Sie lernen, was andere Mädchen und Jungen tun, sagen und fühlen. Sie lernen, was für Mädchen richtig und falsch ist und was von ihnen in diesem Alter erwartet wird.

Bilderbücher sind besonders einflußreich, da sie von dem Kind immer und immer wieder angesehen und gelesen werden – und dies in einer Zeit, in der die Entwicklung der Geschlechtsidentität besonders entscheidend ist. Die Rollenmodelle in Bilderbüchern erreichen das Kind, noch bevor andere Sozialisationseinflüsse wie Schule, Lehrer und Gleichaltrige zum Tragen kommen.

Leonore Weitzmann[1] hat unter dem Titel »Sex Role Socialisation in Picture Books für Preschool Children« eine umfangreiche Untersuchung zu diesem Thema veröffentlicht. Für Deutschland gibt es keine vergleichbare Untersuchung über Bilderbücher. Es gibt sie für Grundschullesebücher von Inge Sollwedel[2] sowie von Silbermann und Krüger[3] und Gabriele Karsten[4]. Die Ergebnisse stimmen mit denen von Leonore Weitzmann für Bilderbücher überein. Wir können also davon ausgehen, daß die Ergebnisse von Weitzmann für die USA in etwa auf die BRD übertragbar sind.

Frauen sind nach Weitzmann in den Bilderbüchern nahezu nicht existent, d. h. sie sind in Titeln, zentralen Rollen, Abbildungen und Geschichten stark unterrepräsentiert. Die absolute Mehrheit der Bilderbücher handelt von Jungen und Männern, sogar Tiere sind männlich. Fast alle Geschichten erzählen fast ausschließlich »männliche« Abenteuer, wenn Frauen auftreten, spielen sie unbedeutende Rollen, bleiben oft namenlos.

In der Realität stellt das weibliche Geschlecht 51% der Bevölkerung dar, also die Hälfte. In den Bilderbüchern kommen auf eine Abbildung eines weiblichen Wesens elf männliche. Werden die Abbildungen der Tiere mit einbezogen, die eine offensichtliche Geschlechtsidentität haben, dann kommen auf ein weibliches Wesen sogar 95 männliche. Bei Buchtiteln gibt es eine »männlich-weibliche Relation« von acht zu drei (seit 1938 konstant!).

In fast einem Drittel der untersuchten Bilderbücher gibt es überhaupt keine Frauen; die Abbildungen und Geschichten reflektieren eine ausschließliche Männerwelt. In den zwei Dritteln der Bilderbücher, in denen Frauen zumindest auftauchen, sind sie entweder unbedeutende und unscheinbare Persönlichkeiten, oder aber Mütter und Frauen von kühnen Söhnen und Männern. Sie werden auch selbstverständlich bei der Wahl des Ehemannes nicht gefragt. (Was die Erzähler nicht daran hindert, immer wieder zu versichern: »Und bald liebten sie sich für immer.«) Tolle Männer lieben, sie bewundern und unterstützen, das gehört zu dem, was Frauen in Bilderbüchern erlaubt ist.

Tiere sind in den Bilderbüchern fast durchweg männlich: Elefanten, Bären, Löwen, Tiger. Werden mal weibliche Tiere gezeigt, dann nur als Beiwerk zum männlichen Leittier. In der Realität sind es z. B. die weiblichen Elefanten, die Löwinnen, die alle Arbeit machen, im Bilderbuch existiert das alles überhaupt nicht. Kühe sind allerdings weiblich und Hühner auch (»dumme Kuh« und »dummes Huhn« . . .). Es besteht die Tendenz, weibliche Tiere synonym mit Beschränktheit und Minderwertigkeit zu sehen: »Die Wahl dieser Tiere reflektiert die geringe Hochachtung gegenüber Frauen.«[5]

Die Diskriminierung der Frauen drückt sich sogar in der Bezeichnung der toten Materie aus! Die Personifikationen des Unbelebten ist generell männlich (vgl. E. Fischer[6]).

Es ist einfach, sich vorzustellen, was das für kleine Mädchen bedeutet (und natürlich auch für kleine Jungen). Kleine Mädchen, die diese Bücher lesen, werden jeglicher Möglichkeit der Identifikation und Entwicklung von Selbstbewußtsein beraubt. Mädchen sind in Bilderbüchern leere Kreaturen, die weniger wert sind, weniger spannende Dinge tun, schlicht weniger existent sind. Jungen hingegen bekommen das Gefühl von Wichtigkeit und Bedeutung. Sie fühlen sich Mädchen überlegen und entwickeln dadurch eine negative Einstellung und Bewertung gegenüber Mädchen und Frauen.

Leonore Weitzmann faßt ihre Untersuchungsergebnisse zusammen:

1. In der Welt der Bilderbücher sind Jungen aktiv und Mädchen passiv. Jungen werden nicht nur in spannenderen und abenteuerlicheren Rollen dargestellt, sie sind auch unabhängiger, und ihre Welt ist größer. Auch sind die meisten lärmenden Aktivitäten Jungen vorbehalten. Im Gegensatz dazu sind die meisten Mädchen in den Bilderbüchern passiv und unbeweglich. Einige von ihnen werden durch ihre Kleidung behindert (einengende Schnitte und das Verbot, sich schmutzig zu machen). Sie tragen gekräuselte, steife blaßrosa Kleider, und ihre Haare sind immer ordentlich gekämmt oder in Zöpfe geflochten. Sie sehen hübsch aus – zu hübsch, um Rad zu fahren oder herumzutoben. Kleine Mädchen werden häufig wie Puppen dargestellt, die dazu da sind, um bewundert zu werden. Ihr konstantes Lächeln lehrt, daß Frauen dazu gemacht sind, andere zu erfreuen.

   Kleine Mädchen laufen, lesen oder träumen; sie handeln nicht, sie sind. Mädchen fahren z. B. selten Fahrrad, und wenn sie dies tun, dann sitzen sie hinter dem Jungen auf dem Sitz, werden also gefahren. Die Darstellung der kleinen Mädchen ist so entmutigend, daß schon das kleine Mädchen, das im Bilderbuch mit einem Papierboot spielt, ungewöhnlich aktiv ist.

2. Mädchen sind häufiger innerhalb des Hauses zu finden als Jungen. Das bedeutet eine Begrenzung ihrer Aktivitäten und möglichen Abenteuer. Einerseits spiegelt das genau die Realität, andererseits erschwert es einen Ausbruch aus dieser Realität, weil es sie bestätigt und das Mädchen sich sonst für eine »unnormale Ausnahme« halten muß.

3. Mädchen werden isolierter dargestellt. Im Gegensatz zur Darstellung von Jungen, die kameradschaftlich spielend oder in ihren Abenteuern zu sehen sind, sieht man Mädchen äußerst selten zusammen spielen. Und schon gar nicht bei gemeinsamen Abenteuern. So werden die Freundschaften zwischen Jungen ermutigt, die zwischen Mädchen ignoriert. Ab und zu sieht man in einer Jungengruppe ein Mädchen. Mädchen in einer Jungengruppe zu sein, ist für das Mädchen aufwertend.

Ein Junge in einer Mädchengruppe bedeutet für den Jungen Abwertung, das ist unmännlich. Die Erhöhung des Mädchens in der Jungengruppe ist nur die Ausnahme von der Regel.

4. Die Rolle des kleinen Mädchens ist primär in Relation zu den Jungen definiert, wie später die der Frau zum Mann. Handeln die Geschichten z. B. von Befreiung und Rettung, was häufig der Fall ist, werden ausschließlich Jungen dargestellt. Das zitternde Opfer allerdings ist oft weiblich. Kleine Mädchen sind hilflose Wesen, die gerettet werden müssen (wie kleine Tiere) oder an der Hand geführt – selbst wenn der Junge, der sie führt, kleiner ist! Ein besonders augenfälliger diskriminierender Unterschied zwischen Mädchen und Jungen sind die Illustrationen mit Hunden. In diesen werden die kleinen Mädchen fast immer sozusagen vorr einem kleinen Hund gezogen, den sie offensichtlich nicht unter Kontrolle halten können ... Kleine Jungen hingegen werden mit einem sehr großen Hund gezeigt, den sie, obwohl selbst kleiner, perfekt kontrollieren.

5. Ein weiterer wichtiger Punkt ist die Arbeit, die von Mädchen geleistet werden muß. So kocht die Schwester des kleinen Helden, während dieser am Tisch sitzt und Schokolade trinkt. Mädchen (auch Prinzessinnen!) bedienen Väter, Ehemänner und Brüder. Die Darstellung untertrifft noch die Realität vieler kleiner Mädchen. Sie bietet ein noch viel eingeengteres Modell als das Leben der Mädchen selbst.

Verfolgen wir in den Darstellungen das Heranwachsen des kleinen Mädchens, so können wir beobachten, in welchem Ausmaß ihre Entwicklung fast ausschließlich dem Aspekt der späteren Dienstleistung unterworfen ist. Es wird z. B. gezeigt, daß das Mädchen groß genug geworden ist, um den Rosenbusch zu gießen, den Kuchenteig zu rühren, den Tisch zu decken, Krankenschwester zu spielen, dem Arzt zu helfen (der selbstverständlich ein Junge ist!), Obst zu pflücken, Milch aus dem Kühlschrank zu nehmen, Babies zu füttern. Für seinen zukünftigen Ehemann lernt es auch an Bilderbüchern Waschen, Bügeln, Kleider zum Trocknen aufhängen, Kochen, den Tisch decken usw.

Die Jungen hingegen nehmen mit zunehmendem Alter selbstverständlich an vielfältigen Aktivitäten teil: Sie fangen Schmetterlinge, mähen den Rasen (typisch »männliche« Hausarbeit), marschieren mit der Parade, besuchen den Zoo oder bearbeiten Holz auf der Hobelbank. Das entspricht der Realität und bestärkt sie zugleich in diesem Verhalten. In ihrer Sicht sind sie die Mutigen, die Eroberer, die Tüchtigen, die Selbständigen.

So ist es verständlich, warum viele kleine Mädchen die Identifikation mit der männlichen Rolle vorziehen. Ebenso klar ist, warum das kleine Mädchen, das die männliche Rolle attraktiver findet, in ein Dilemma gerät. Folgt sie ihren Wünschen und verhält sich »wie ein Junge«, wird sie von den Erziehungspersonen und Gleichaltrigen kritisiert. Identifiziert sie sich mit der traditionellen weiblichen Rolle, fügt sie sich in eine reale Unterdrückung. Mädchen, die mehr als hübsch und lieb sein wollen, bleiben ohne Alternative. Sie müssen zwischen zwei Übeln wählen: Entfremdung von ihrer eigenen Geschlechtsrollenzuweisung oder Entfremdung von ihren Interessen und Fähigkeiten.

Durch das Angebot erwachsener Rollenmodelle lernen Mädchen und Jungen, was man von ihnen für die Zukunft erwartet. Weitzmann fand, daß das Image der erwachsenen Frau in den Bilderbüchern ebenso begrenzt stereotypisiert ist wie das des kleinen Mädchens. Wieder einmal ist die Frau passiv, der Mann aktiv. Die Frauen sind im Haus, die Männer außer Haus. Die Frauen verrichten im Haus nahezu ausschließlich Dienstleistungsfunktionen, umsorgen Mann und Kinder. Männer führen, Frauen folgen; Männer retten, Frauen werden gerettet. Die einzigen nicht stereotypen Rollen sind eindeutig mystische Rollen, also keine realen Möglichkeiten.

Im Kontrast dazu stehen die Rollen der Männer, die variationsreicher und interessanter sind. Sie sind z. B. Lagerverwalter, Hausbauer, Könige, Geschichtenerzähler, Mönche, Kämpfer, Fischer, Polizisten, Soldaten, Abenteurer, Väter, Köche, Pfarrer, Richter, Ärzte und Bauern.

Frauen werden nicht einmal entsprechend ihrer Realität dargestellt. So gab es in den untersuchten Bilderbüchern nicht eine einzige Frau, die einen Beruf hatte. Und das in den USA, einem Land, in dem 40% der Frauen, also nahezu 30 Millionen Frauen, erwerbstätig sind. Es scheint geradezu absurd, daß Frauen in den Bilderbüchern nur Mütter und Ehefrauen sind, wenn wir bedenken, daß 90% aller Frauen dieses Landes irgendwann in ihrem Leben zu den Erwerbstätigen gehören.

Ziel dieser verfälschten Darstellung ist: Die kleinen Mädchen sollen sich in erster Linie auf ihre spätere Funktion als Hausfrau, Mutter, Ehefrau einstellen, damit sie erst gar nicht auf andere Gedanken kommen. Berufstätigkeit soll sich nur sekundär, zufällig und vorübergehend ergeben. Ganz unrealistisch wird die Mutterschaft als lebenslange Beschäftigung dargestellt, obwohl sie auch bei traditioneller Arbeitsteilung nur eine kurze Zeit des Lebens voll beansprucht. Viel mehr, nämlich lebenslang, ist sie durch die Dienstleistungen für den Ehemann beansprucht! Auch die Mutterrolle selbst wird unrealistisch dargestellt. Die Frau wird nahezu immer im Haus dargestellt, obwohl Kinder z. B. in den Kindergarten, die Schule und zum Arzt gebracht werden müssen; Mütter gehen einkaufen, fahren mit dem Auto usw; sie lesen sogar Bücher, sehen fern, stellen Schecks aus, arbeiten im Garten, befestigen und reparieren Dinge im Haus, sind politisch oder sozial aktiv usw.

Wie werden Väter dargestellt? Sie helfen nie bei profanen Pflichten wie Kinderfüttern oder -waschen, Spülen, Kochen, Putzen oder Einkaufen. So wird kleinen Jungen indirekt vermittelt, daß das Frauenarbeit ist. Wenn Väter sich mal mit den Kindern beschäftigen, dann spielen sie spannende Spiele mit ihnen oder nehmen sie im Auto, Eisenbahn, Bus oder Boot mit. Mütter sind nur nützlich für die alltägliche Arbeit, um hinter den Kindern aufzuräumen und um ihnen zu sagen, was zu tun ist. Mütter lächeln, streicheln, strafen oder schreien. Sie lehren selten etwas, und wenn, dann auf wenig erfreuliche Art und Weise.

Da Leonore Weitzmann in den von ihr untersuchten Büchern keine weiblichen Berufsrollen gefunden hat, hat sie berufsberatende Bücher hinzugezogen. Sie hat die beiden amerikanischen Bücher »Was können Mädchen tun?« und »Was können Jungen tun?« analysiert und dabei folgendes festgestellt: Als höchstes Ziel für Mädchen gilt, Mutter zu werden. Höchstes Ziel für Jungen ist, Präsident der USA zu werden. Alle vorgeschlagenen Frauenberufe sind Berufe, die innerhalb des Hauses ausgeführt werden. Von den Männerberufen hingegen werden nur drei im Haus, elf jedoch außer Haus ausgeführt.

Kleine Mädchen werden dazu ermutigt, durch gutes Aussehen und Dienstleistungen Bestätigung zu finden. So ist es nicht überraschend, daß sich die den Frauen vorgeschlagenen Berufe auf »glamorous und service« konzentrieren. Der prestigereichste Beruf für Mädchen ist der, der physische Attraktivität voraussetzt. So z. B. Fotomodell oder Filmstar. Da jedoch nur wenige Frauen in diesen Berufen Stars werden können, ist die wirkliche Botschaft dieser Angebote: die wahre Funktion der Frau liegt im häuslichen Sichbescheiden. Bestenfalls dürfen sie Krankenschwester oder Sekretärin werden – das sind die beruflichen Pendants zur häuslichen Funktion der Mutter und Ehefrau.

Auch wenn Frauen und Männer im gleichen Berufsbereich angestellt sind, existieren im Berufsbereich die Frauen auch in Relation zu den Männern. Die Männer sind Ärzte und die Frauen Krankenschwestern, oder die Männer sind Piloten und die Frauen Stewardessen.

Auch hier entspricht die Darstellung nicht der Realität: Frauen sind – wenn auch zu einem sehr geringen Teil – in »Männerberufen« tätig. Frauen stellen z. B. in den USA sieben Prozent der Physiker und vier Prozent der Juristen. Und obwohl es seit über 100 Jahren weibliche Ärzte gibt, gibt es keine Abbildung einer Ärztin in den untersuchten Bilderbüchern. Wenn erwerbstätige Mütter dargestellt werden, dann sind sie nur aus finanziellen Gründen erwerbstätig. Weibliche Erwerbstätigkeit ist in Bilderbüchern zwar möglich, aber nur, wenn sie untergeordnet ist.

Fernsehen: Am Beispiel Sesamstraße

Fernsehsendungen bieten ebenso wie Bücher Rollenmodelle für Mädchen und Jungen (Frauen und Männer). Weder die Inhalte, noch deren Auswirkung auf die Mädchen und Jungen sind umfassend untersucht worden. Es existiert lediglich eine Studie[7], die den Geschlechtsrollenaspekt berücksichtigt. Sie analysiert die heute auch in der BRD vielgesehene Sendung für Kinder im Vorschulalter, »Sesamstraße«.

Die Produzenten der Sendung bekennen sich ausdrücklich zu der Absicht, das Geschlechtsrollenverhalten der Zielgruppe positiv, d. h. emanzipatorisch beeinflussen zu wollen: »Entwicklung von Rollenverständnis und Rollenflexibilität, Abbau von geschlechtsspezifischen Rollenfixierungen«[8]. Das ist der Anspruch. Aber wie sieht das in der Praxis aus? Als erstes fällt auf, daß sehr viel weniger weibliche Akteure mitwirken als männliche. Sie können sich in ihren wenigen Auftritten auch qualitativ weniger behaupten: Sie sind weniger oft »handlungsdominant«, d. h. Hauptpersonen oder gleichberechtigte Handlungsträger. Und sie haben einen äußerst geringen Anteil an den Interaktionen, besonders an den direkt an die Zuschauer gerichteten. Erstens finden weibliche Zuschauer ein nach Zahl und Selbstbehauptung schlechteres Angebot von Identifizierungsmöglichkeiten und geschlechtsgleichen Akteuren in der Sendereihe vor, und zweitens haben sie weniger die Möglichkeit, sich durch direkte Anrede von einer Geschlechtsgenossin auf dem Bildschirm unmittelbar an der Sendung beteiligt zu fühlen.[9]

Auch hier also spezifische weibliche und männliche Rollenmodelle. So neigen »männliche Akteure mehr zu extremen sozialen Handlungsweisen ... und zwar hier gleichmäßig in Richtung auf aggressives Handeln, wie auch auf demütiges, sich unterordnendes Verhalten. Weibliche Akteure dominieren in der Skalenmitte, sie sind beherrschter, ausgeglichener, freundlicher, aber auch belehrender als männliche. ... männliche und weibliche Personen werden in gravierender Weise unterschiedlich dargestellt«[10]. Beide Geschlechter werden in sehr verschiedenen sozialen Rollen dargestellt. Es ist erstaunlich, daß in so massiver Weise in »das weibliche Geschlecht diskriminierende Elemente einfließen konnten, die den proklamierten Absichten mindestens der deutschen Redaktion widersprechen«[11].

Die deutsche Studie stellt der amerikanischen Version nachgedrehte deutsche Spots gegenüber. In den nachgedrehten Spots ist das Mißverhältnis nicht ganz so kraß, aber eben vorhanden. In der amerikanischen Fassung sind 73,1 % der Akteure männlich, in den nachgedrehten deutschen Teilen sind 67,5 % männlich.

»Die neugedrehten Spots korrigieren also nicht die von den amerikanischen Teilen vorgegebene Tendenz der Sendung. Erstaunlicherweise konnten wir bei ihnen sogar noch häufiger als bei den amerikanischen Szenen Fälle registrieren, in denen eine Geschlechtsrollendifferenz im Sinne traditioneller Geschlechtsvorstellung dargestellt war (z. B. Frauen beim Kochen, Handarbeiten, Krankenpflege u. ä.).«[12]

Weibliche Personen werden viel öfter in einer Familien- als in einer Berufsrolle dargestellt, männliche hingegen mehr in der Berufswelt als im familiären Kreis. Auch hier also: Frauen gehören ins Heim, Männer hinaus ins Leben. Das heißt – wenn Frauen überhaupt dargestellt werden. »Die wichtigste Nachricht neben dieser vermittelt die Sendung durch die geringe Existenz, das kaum Vorhandensein weiblicher Akteure: Frau sein heißt in unserer Gesellschaft, niemand sein.«[13]

Die Studie analysiert auch den Einfluß der Rollenmodelle auf Mädchen und Jungen im Alter von sechs Jahren, ihre Auswirkungen auf die soziale Wahrnehmung von sechsjährigen Kindern in Berufsvorstellungen und Geschlechtsrollenverständnis. Sie stellen fest, daß von einem Abbau der Geschlechtsrollen-Orientierung bei Sesamstraße-Sehern nicht die Rede sein kann, im Gegenteil: Die Geschlechtsrollenorientierung wird eher auf- als abgebaut. Die rollenstereotype Vorstellung vom Mann, der der Arbeit nachgeht, und der Frau, die hinter dem Herd steht, wird sogar verstärkt. Das stellte sich im Vergleich zu einer Nicht-Seher-Kontrollgruppe heraus. Auffallend war dabei, daß mehr Jungen, die die Sendung häufig sahen, Hausarbeit als unmännlich ablehnten als die Jungen, die sie nicht oder selten sahen.

Diese Sendung, die einen betont geschlechtsrollen-emanzipatorischen Anspruch hat, wird diesem Anspruch nicht nur nicht gerecht, sondern verfestigt Geschlechtsrollen sogar noch zusätzlich. Mit anderen, weniger »progressiven« Fernsehsendungen sieht es vermutlich noch schlimmer aus.

Vergleich der Kinderliteratur in Frankreich und USA

Da ich auch in der Kinderliteratur (mit Ausnahme der Grundschulbücher) keine Studien für die BRD gefunden habe, stütze ich mich auf zwei französische Untersuchungen von M. J. Chombart de Lauwe, »L'enfant et son image«[14] und Michelle de Wilde, »Les stéréotypes féminins«[15].

De Lauwe stellt etwas ganz Bemerkenswertes fest: Die Literatur für Kinder in Frankreich hat sich seit 1930 *maskulinisiert.* War im 19. Jahrhundert die Relation weiblich/männlich noch 50 : 50, so sind weibliche Personen heute fast inexistent. Bücher, die sich an Jungen wenden, stellen ausschließlich Jungen dar. Bei Büchern, die sich an Mädchen und Jungen wenden, dominieren die Jungen stark. Nur Bücher, die sich direkt an Mädchen wenden, zeigen Mädchen – aber auch nur 43%. (Das gleiche Phänomen stellt sie bei Kinderzeitschriften fest).

Diese Maskulinisierungstendenz, die im Kontrast steht zu der angeblichen Emanzipationstendenz, zeigt sich u. a. auch in der Verringerung weiblicher Familienmitglieder, die den kleinen Helden umgeben. Das bedeutet, daß die traditionellen Bilder der Frau zwar zum Teil eliminiert sind, sie aber nicht durch neue ersetzt wurden. Wo Mädchen früher negativ dargestellt wurden, tauchen sie jetzt überhaupt nicht mehr auf. Daher auch das von de Lauwe festgestellte fast totale Verschwinden von Zeitschriften, die ausschließlich für Mädchen bestimmt sind.

Ein Vergleich zwischen den Untersuchungsergebnissen in den USA und Frankreich ergibt laut de Wilde, daß in den USA das weibliche Stereotyp sich länger zu halten scheint als in Frankreich, wo Mädchen oder Frauen in den Büchern kaum noch erwähnt werden. Wie es für die Bundesrepublik aussieht, ist noch zu untersuchen.

5. Geschlechtsrollenstereotype und Geschlechtsidentifikation

Die Darstellung der Geschlechter in den verschiedenen Medien steht in engem Zusammenhang mit der gesellschaftlichen Wertung von »weiblich« und »männlich«. Dies zeigen sehr deutlich die Ergebnisse einiger Untersuchungen der Geschlechtsrollenstereotype. So werden z. B. laut einer Studie von Evelyn Goodenough Pitcher[1], in der Mütter und Väter befragt wurden, Frauen beschrieben als: indirekter, unlogischer, weitschweifiger, listig, täuschend, intuitiv und subjektiv. Männer hingegen werden beschrieben als: analytisch, genau, abstrakt und direkt.

Und A. M. Rocheblave-Spenlé[2] ließ in ihrer vergleichenden deutsch-französischen Untersuchung mit dem Titel »Les rôles masculins et féminins« 121 Adjektive nach »männlich« und »weiblich« und nach »Qualität« und »Fehlern« zuordnen. Frauen wurden 14 Fehler und 3 Qualitäten zugeordnet, Männern 17 Qualitäten und 7 Fehler.

Nach der Studie von Sherriffs und Jarrett[3] schließlich sieht die typische Frau folgendermaßen aus: Sie ist wenig fähig zu vernünftigem Denken und Urteilen, sie findet mehr Befriedigung in Tagträumen als im wirklichen Leben, sie sorgt mehr für gesellschaftliche und persönliche Kontakte als Männer. Der Mann hingegen verfügt über das größere emotionale Gleichgewicht in Krisensituationen. Er orientiert sich in seinen Handlungen eher an objektiven Tatsachen als an irrationalen Gefühlen. Er regt sich nicht so leicht über Kleinigkeiten auf, ist mutiger und intelligenter.

Bei allen Untersuchungen zeigt sich, daß das Verhalten von Frauen immer an dem »männlichen« gemessen wird: Mensch gleich Mann.

Den dramatischsten Ausdruck findet diese gesellschaftliche Verachtung von Frauen in dem Bild, das sich Psychiater von Frauen machen. In ihm wird besonders deutlich, daß »Weiblichkeit« nicht nur als »anders«, sondern als »anormal« gilt. Weiblichkeit gleich Anomalität, Krankheit.

So wurden z. B. von Inge Brovermann und Mitarbeitern[4] 33 weibliche und 46 männliche Kliniker über ihre Geschlechtsrollenstereotype befragt. Eine Gruppe der befragten Kliniker sollte anhand eines Polaritätsprofils einen psychisch gesunden, reifen, sich sozial angemessen verhaltenden Erwachsenen unbestimmten

Geschlechts beschreiben, eine zweite Gruppe einen ebenso ge-kennzeichneten Mann und die dritte Gruppe eine solche Frau. Das Bild des psychisch gesunden Erwachsenen entsprach genau dem des gesunden Mannes. Doch das Bild der Frau sah – gemessen an dem männlichen – u. a. folgendermaßen aus: unterwürfiger, abhängiger, leichter zu beeinflussen, weniger aggressiv, weniger ehrgeizig, leichter zu verletzen, bei geringem Anlaß leichter auf-geregt, weniger objektiv, stärker emotional handelnd, ohne Inter-essen für Mathematik und Naturwissenschaften.

Dieses Ergebnis zeigt deutlich, daß es sich bei den Vorstellungen von »Weiblichkeit« keineswegs nur um eine »Andersartigkeit« handelt, sondern um eine Minderwertigkeit.

Diese allgemeine Einschätzung teilen bereits achtjährige Mäd-chen und Jungen. Michelle de Wilde[5] befragte kleine Mädchen und Jungen, wer intelligenter sei, Vater oder Mutter, Junge oder Mädchen? Die achtjährigen Mädchen und Jungen waren sich einig, daß die Väter intelligenter seien als die Mütter. Sie meinten jedoch, daß es zwischen Mädchen und Jungen keine Unterschiede in der Intelligenz gebe. Das weist darauf hin, daß die Mädchen die zukünftige Minderwertigkeit von Frauen zwar bereits akzeptie-ren, in der Gegenwart aber durchaus noch von ihrer Gleichwertig-keit mit dem anderen Geschlecht überzeugt scheinen.

Um festzustellen, wann Mädchen und Jungen welche Aspekte der Geschlechtsrollenstereotype übernehmen, hat Dannhauer[6] aus-führliche Untersuchungen an 450 Kindergartenkindern (in der DDR) durchgeführt.

Er fragte:
– Welches Kind ist braver, der Junge oder das Mädchen?
– Welches Kind ist stärker, der Junge oder das Mädchen?
– Welches Kind hört nicht, wenn die Mutter etwas sagt, der Junge oder das Mädchen?
– Welches Kind hilft fleißiger, der Junge oder das Mädchen?
– Welches Kind kann schneller Roller fahren, der Junge oder das Mädchen?

Mädchen der Altersgruppe 3,6–3,7 Jahre antworteten: »Mädchen helfen der Mutter fleißiger als die Jungen«. Gleichaltrige Jungen antworteten: »Jungen sind stärker als Mädchen und fahren schneller Roller«.

Interessant an diesen Ergebnissen ist, daß in diesem Alter die tatsächlichen Geschlechtsdifferenzen hinsichtlich größerer Stärke und Schnelligkeit, z. B. beim Rollerfahren, noch äußerst gering sind. Hier ist der Einfluß der Geschlechtsrollenstereotype also stärker als die Realität. Dies betrifft allerdings nicht das fleißigere Helfen: Mädchen helfen in diesem Alter tatsächlich mehr als Jungen.

Die Einschätzungen von größerer Stärke und Schnelligkeit beim Jungen dieser Altersgruppe sind also nicht mit Resultat der individuellen Erfahrung, sondern vorwiegend der verbalen und über Medien vermittelten Geschlechtsrollenstereotype. Je älter die Mädchen und Jungen werden, desto mehr Merkmalsstereotype werden übernommen. So sagen Mädchen im Alter von 4,7 Jahren über sich: Mädchen sind braver, fleißiger und schwächer als Jungen. Jungen sagen: Jungen sind stärker, schneller und frecher.

Ab 5,6 Jahren werden all die oben genannten Fragen stereotyp beantwortet. Das heißt, daß im Alter von 5,6 Jahren das Geschlechtsrollenstereotyp bereits relativ fest geprägt ist. Das heißt, noch bevor Kinder zur Schule gehen, sind die Geschlechtsrollenstereotype weitgehend akzeptiert.

Dannhauer ging der Frage nach, inwieweit Mädchen und Jungen bereits im Alter von 3,6 – 3,7 Jahren über allgemeinere Rollenstereotype von Frau und Mann verfügen. Die Ergebnisse zeigen, daß bereits im Alter von 3,6 Jahren Mädchen und Jungen eine Art Modell vom Zusammenleben von Frau und Mann in der Familie haben.

Er fragte: Du sollst mir sagen, ob das die Mutter oder der Vater tun:

a) Essen kochen
b) Buch lesen
c) einkaufen gehen
d) die Stube aufwischen
e) vor dem TV sitzen
f) die Wäsche waschen
g) die Zeitung lesen
h) einen Knopf annähen
i) Bier trinken
j) Zigaretten rauchen

Mädchen und Jungen antworteten: Die Mutter kocht das Essen, geht einkaufen, wischt die Stube auf, wäscht die Wäsche, näht den Knopf an. Der Vater liest ein Buch, sitzt vor dem TV, liest die Zeitung, trinkt Bier, raucht Zigaretten. Diese Ergebnisse von Untersuchungen in der DDR würden in der BRD keineswegs weniger stereotyp ausfallen.

Mit dem Wissen um die Geschlechtszugehörigkeit, der Geschlechtsidentifikation können und werden diese Geschlechtsrollenstereotype zu einer Art »innerer Einfluß« auf das Verhalten.

Das Ausmaß und die Art der Wirkung sind jedoch bisher keineswegs wissenschaftlich erfaßt.

Zur Entwicklung der Geschlechtsidentifikation führte Becker[7] bei Kleinkindern der Altersstufe 2,1–4,0 Jahren ein Wahlexperiment durch. Die Ergebnisse besagen, daß die Mehrzahl der Mädchen und Jungen der Altersgruppe 3,1–3,6 Jahre die Stufen eins bis drei der Geschlechtsidentifikation erreicht haben. Die vier Stufen sind nach Becker folgende:

1. Fähigkeit der Differenzierung zwischen den Geschlechtern
2. eigene Geschlechtszuordnung im Wahlexperiment (konkret anschauliche Stufe)
3. sprachliche Zuordnung des eigenen Geschlechts
4. Fähigkeit, die Beziehung zwischen der kindlichen Form des eigenen Geschlechts zur Erwachsenenform herzustellen.

Erst nach dem vierten Lebensjahr können Mädchen und Jungen ihr eigenes Geschlecht mit der Erwachsenenrolle in Beziehung bringen.

Zur Feststellung des Geschlechts orientierten sich die Mädchen und Jungen der Altersgruppe 2,7–3,0 Jahre an dem Merkmal der Kleidung. Die Kinder der Altersgruppe 3,7–4,0 richteten sich hingegen vorwiegend nach Form und Länge der Haare (Puppenexperiment).

Die Entwicklung der Geschlechtsidentifikation und der Geschlechtsrollenstereotype ist jedoch keineswegs gleichbedeutend mit deren Annahme. Vor allem nicht bei Mädchen, da ihre Geschlechtsrolle ja nicht nur geringer bewertet wird, sondern real weniger wert ist (d. h. schlechtere, eingeengtere Erfahrens- und Verhaltensmöglichkeiten bietet, sowie Unterordnung und Abhängigkeit und das Verrichten von Dienstleistungen beinhaltet).

Im Gegensatz zur männlichen Geschlechtsrolle hat also die weibliche für viele Mädchen keine positive Anziehungskraft – was Voraussetzung dafür wäre, daß sie freiwillig angenommen, ausgeübt würde. Doch die Annahme einer Rolle, einer Realität, die Demütigung, Unterdrückung und Ausbeutung beinhaltet, kann nur erzwungen werden.

Diese zwangsläufige Geschlechtsrollenambivalenz bei Mädchen wird jedoch von den meisten Autoren nicht als Auflehnung gegen eine diskriminierende Realität interpretiert, sondern als »Verwirrung« aufgrund einer fehlenden, eindeutigen Rollenumschreibung des weiblichen Parts. Zur Bestätigung dieser Vorstellung wird das Argument angeführt, daß bei Mädchen mit jüngeren Geschwistern durch ihre Aufgabe diesen gegenüber eine solche

Geschlechtsrollenambivalenz nicht entstehe.

Diese Mädchen zeigten tatsächlich in den Untersuchungen in stärkerem Maße »weibliche« Interessen. Es ist jedoch anzunehmen, daß diesen kleinen Mädchen, die schon sehr früh in hohem Maße häusliche Pflichten erfüllen müssen, real gar nichts anderes übrig bleibt, als sich für die »weibliche« Beschäftigung zu »interessieren«. Denn sie müssen, ob sie wollen oder nicht, Babys beaufsichtigen, Geschwister und Väter bedienen, einkaufen, spülen usw. Sie schicken sich also in das Unausweichliche.

In welchem Ausmaß Annahme oder Ablehnung der weiblichen Rolle konkret etwas mit den damit angebotenen Inhalten zu tun hat, zeigt eine Untersuchung von Hartley, Hardesty und Gorfein[8], in der die Identität von acht- bis elfjährigen Mädchen untersucht wird. Die Mädchen, deren Mütter nicht berufstätig sind, identifizieren sich häufiger mit der Vaterrolle und ziehen überhaupt deutlich die männliche Rolle vor. Mädchen hingegen, deren Mütter berufstätig sind, identifizieren sich in stärkerem Maße mit ihrer Mutter und »akzeptieren« so gesehen die weibliche Rolle eher, als Mädchen nicht berufstätiger Mütter.

Dies ist nicht verwunderlich, sind doch Rolle, Realität der berufstätigen Mütter weniger eingeengt, weniger abhängig als die der nicht berufstätigen, besitzt sie auch in Relation zur nicht Berufstätigen mehr Entscheidungsgewalt (dazu auch die ausgezeichnete Arbeit von Andrée Michel[9] über die Auswirkungen der Berufstätigkeit der Frau auf Ehe und Familie).

Bezeichnend für die von Beginn an klare Minderwertigkeit der weiblichen Rolle sind auch die Studien zur Geschlechtsrollenambivalenz. Es zeigt sich immer wieder, daß Mädchen der verschiedenen Altersstufen sehr viel weniger bereitwillig ihre Geschlechtsrolle annehmen als Jungen. Chombart de Lauwe[10] hat festgestellt, daß 45% der befragten Mädchen angeben, männliche Personen in der Kinderliteratur zu bewundern und sich mit diesen zu identifizieren. Nur 15% der kleinen Jungen wählten weibliche Personen. 85% der Jungen hingegen wünschten, wie einer der männlichen Helden zu werden. Auf die Frage: »Möchtest du lieber ein Mädchen oder ein Junge sein?« antworteten 11 von 100 Mädchen im Alter von drei Jahren »lieber ein Junge«. Von 100 Jungen hingegen antwortete nur einer »lieber ein Mädchen«. (Diese Ergebnisse werden bestätigt durch mehrere amerikanische Untersuchungen[11].)

Diejenigen Mädchen und Jungen, die die Mädchenrolle ablehnen, erklären, daß Mädchen mehr im Haushalt helfen müßten als Jungen, daß sie nicht so viele Berufsmöglichkeiten hätten wie

Jungen und daß Jungen sich besser sportlich betätigen könnten als Mädchen (so die Ergebnisse der Untersuchung von Dannhauer[12]).

Daß diese Bevorzugung der Rolle des Jungen Resultat der gesellschaftlichen Bewertung und Realität des Frauseins ist, liegt auf der Hand.

Es kann also gesagt werden, daß generell die Annahme der Geschlechtsrolle beim Mädchen nicht ohne Widerstand verläuft. Bisher allerdings ist dieser Widerstand relativ hoffnungslos. Die zitierten Untersuchungen zeigen, wie Mädchen, von Etappe zu Etappe ihrer Entwicklung geschlechtsspezifisch konditioniert, in die Frauenrolle gezwungen werden.

Darauf, daß die Annahme der Geschlechtsrolle beim Mädchen kein einmaliger Akt ist, weisen auch eine Vielzahl von Untersuchungen hin. Das fanden auch Suton-Smith, Rosenberg und Morgan[13] in ihren Untersuchungen an etwa eintausend acht- bis elfjährigen Kindern zum Spielinteresse heraus. Bei Jungen ist von früher Kindheit an ein geradliniger Anstieg der »männlichen« Interessen zu verzeichnen. Kein Wunder, denn die »männliche« Rolle enthält zwar auch Reduzierungen, bietet aber relativ viele Privilegien und reale Vorteile. Hingegen ist bei Mädchen nach einer Phase der Bejahung der eigenen Geschlechtsrolle (etwa im Alter von acht bis neun Jahren) wieder eine Zeit der Verunsicherung festzustellen. Die »weiblichen« Interessen gingen dann bei neun- und elfjährigen zugunsten »männlicher« Interessen zurück.

6. Zusammenfassung

Ausgehend von der These, daß die heute bestehenden psychischen und physiologischen Unterschiede zwischen den Geschlechtern (ausgenommen die direkt mit Gebär- und Zeugungsfunktion verbundenen biologischen Unterschiede) einzig Resultate der herrschenden gesellschaftlichen Verhältnisse zwischen den Geschlechtern – der geschlechtsspezifischen Arbeitsteilung – sind, habe ich versucht aufzuzeigen, über welche Mechanismen im Prozeß der Sozialisation der Geschlechter diese (re)produziert werden. D. h. ich habe meine Aufmerksamkeit vor allem den Prozessen gewidmet, die den Kern der sogenannten »weiblichen« Eigenschaften und Fähigkeiten schaffen.

Zentrales Anliegen war es, dies vor allem für den Bereich aufzuzeigen, der in der empirischen Psychologie (bürgerlicher wie sozialistischer) bisher ignoriert oder zumindest nicht systematisch angegangen wurde. Die empirische Psychologie ist zwar in der Frage der Genese von Geschlechtsunterschieden bereits sehr weit zurückgegangen, doch immer noch nicht weit genug. Sie hat die Frage nach der totalen gesellschaftlichen Bedingtheit und Verursachung der Geschlechtsunterschiede nicht radikal genug gestellt.

Denn gerade den entscheidenden Teil, das, was angeblich den Kern des »weiblichen« und »männlichen« Wesens ausmacht, hat die Psychologie bisher nicht hinterfragt. Damit trägt sie entscheidend zur Legitimierung der spezifischen Unterdrückung der Frauen in unserer Gesellschaft bei. Die sogenannten »weiblichen« Eigenschaften (größere Emotionalität, Personenbezogenheit, sozialeres Verhalten, Mütterlichkeit usw.) werden weder in der empirischen Psychologie noch in der allgemeinen sozialistischen Theorie in Frage gestellt. Folgen geschlechtsspezifischer Sozialisation werden als die Ursachen ausgegeben und das, obwohl es heute, wie ich zeigen konnte, möglich ist, die gesellschaftliche Bedingtheit der »Weiblichkeit« wissenschaftlich präzise zu zeigen.

Auch die sozialistischen Theoretiker gehen durchweg von einer »Andersartigkeit« der Geschlechter aus, die real die Minderwertigkeit der Frauen bedeutet.

Symptomatisch ist dabei, daß das »andere« Verhalten von Frauen an dem »männlichen« gemessen wird, das als Norm gilt: Damit ist das typisch »Weibliche« zugleich, in Wertung und Realität, nicht nur »anders«, sondern auch minderwertig. Es begünstigt eine größere persönliche Abhängigkeit der Frauen und hat ihre stärkere Ausbeutung im Produktions- wie Reproduktionsbereich zur Folge.

Wir haben gesehen, daß das, was als Kern des »weiblichen« und des »männlichen« Wesens betrachtet wird und als »natürlicher« Unterschied zwischen den Geschlechtern gilt, experimentell bereits im dritten Lebensmonat von Garai und Scheinfeld erfaßt wurde[1]. Ihre Untersuchung zeigt, daß drei Monate alte Mädchen bereits stärker auf akustische Reize reagieren als Jungen. Dieses Interesse an Sprechlauten wurde als zusammenhängend mit dem besonderen Interesse der kleinen Mädchen für Menschen interpretiert. Dieses besondere Interesse für Menschen zeigte sich dann in einer späteren Untersuchung bei sechs Monate alten Mädchen. Hier reagierten sie besonders auf die Abbildung von menschlichen Porträts. Das größere Interesse von Mädchen an Personen ist also bereits in diesem Stadium herausgebildet. (Das größere Interesse der kleinen Jungen an Objekten ebenso. Sie reagieren mit drei Monaten stärker auf optische Reize und mit sechs Monaten mehr auf die Abbildung von Gegenständen.)

Auch wenn diese Unterschiede zwischen Mädchen und Jungen schon so früh auftreten, ist es wissenschaftlich fahrlässig, nicht zu überprüfen, ob sie nicht doch bereits Folgen spezifischer Mechanismen der Erziehung sind.

Die Studie von Moss[2] zeigt deutlich, welche geschlechtsspezifischen Mechanismen in der frühkindlichen Erziehung diese Differenz bewirken. Kleine Mädchen werden mehr akustisch stimuliert und Jungen mehr optisch. Und dies bereits in der dritten Lebenswoche, also lange vor der Erfassung von Differenzen.

Solange also die Untersuchungen nicht bis zur Geburt zurückgehen, solange können die sich bereits früh manifestierenden Folgen geschlechtsspezifischer Behandlung auf angeborene Geschlechtsunterschiede zurückgeführt werden.

Diese angeblich grundlegende Differenz, der sogenannte Kern des »weiblichen« Wesens, wird mit zunehmendem Alter des kleinen Mädchens ausgeprägter. So haben Goldberg und Lewis und Kagan[3] in einer Untersuchung bei zwölf bis dreizehn Monate alten Mädchen experimentell eine größere physische und psychische Abhängigkeit erfaßt. Kleine Mädchen kehrten in der »Free-Play-Situation« viel schneller als Jungen zur Mutter zurück und unternahmen häufiger als kleine Jungen physische und visuelle Rückkehrversuche. Bei den kleinen Jungen hingegen fanden sie größere Eigenständigkeit und Zuwendung zur Umwelt.

Auch hier wird rasch von typisch »weiblichem« und typisch

»männlichem« Verhalten gesprochen. Es paßt nämlich gut zu der Vorstellung von angeblich wesensmäßig größerer Personenbezogenheit von Mädchen und Objektbezogenheit von Jungen. Auch hier läßt sich eine unterschiedliche Beeinflussung durch Erziehungspersonen finden, die diese Differenz bewirkt. So zeigen die Ergebnisse einer früheren Studie von Lewis und Kagan[4], daß Mütter ihre sechs Monate alten Mädchen durch sogenannte »proximal mode behavior« verschärft zur Abhängigkeit erziehen. In einem Entwicklungsstadium, in dem Kinder physiologisch autonomer werden, also von der Erziehungsperson physisch wegstreben, werden kleine Mädchen besonders eng an die Mutter gebunden, Jungen hingegen werden zunehmend durch das sogenannte »distal mode behavior« von der Mutter wegerzogen und der Umwelt zugewandt.

Noch gravierender wird es, wenn wir uns die Ergebnisse von Moss nochmals ins Gedächtnis rufen, die zeigen, daß Mädchen nicht nur »anders«, sondern bereits in der dritten Lebenswoche minderwertiger stimuliert werden. D. h. konkret, daß bereits in den ersten Lebenswochen Mädchen sehr viel weniger die für ihre Entwicklung notwendigen Zuweisungen erfahren als Jungen. So werden Mädchen signifikant weniger taktil und kinästhetisch stimuliert als Jungen und auch häufiger in ihrer Motorik eingeengt als Jungen. Jungen erfahren auch schon im Alter von drei Monaten eine wesentlich größere Stimulation der Muskelaktivität. Diese ersten Grundlagen werden später in systematisch betriebenem Sport weiter gefördert.

Ebenfalls mit der Geburt setzt eine das Personeninteresse spezifisch formende Erziehung bei Mädchen ein (bei Jungen für das Objektinteresse). Wir haben gesehen, daß Mädchen anders gestillt und ernährt werden als Jungen, daß kleine Mädchen viel weniger autonom behandelt werden als kleine Jungen, daß sie sehr früh lernen müssen, sich nach dem Plan der Mutter zu richten, ihre Bedürfnisse anderen unterzuordnen. Diese frühe Erziehung zur Unterordnung und Anpassung kommt bestimmend zur Erziehung zum größeren Personeninteresse sowie zur Erziehung zur größeren Anhänglichkeit und Zärtlichkeit von Mädchen hinzu. Bei Jungen dagegen kommt zur Erziehung zum Objektinteresse die zur Eigenständigkeit, zur Autonomie dazu.

Der sogenannte Kern der »Weiblichkeit«, größere Emotionalität, Personeninteresse und sozialeres Verhalten, ist dadurch schon im Alter zwischen zwei und vier Jahren verankert. Dies geht sehr deutlich aus den Ergebnissen der Studie von Evelyn Goodnough Pitcher[5] hervor. Sie schreibt darin: »Ich machte einen einfachen Test. Ich gab den Kindern Papier und Bleistift und bat sie, etwas zu malen. Sicher, Kinder zwischen zwei und vier Jahren kritzeln, aber nach dem Inhalt kann man sie ja fragen. Das Ergebnis war faszinierend. Über 50% der Mädchen zeichneten, wie sie sagten, *Personen*, während dies nur 15% der Jungen taten. Jungen zeichneten häufiger Gegenstände . . .

Die Zeichnungen der Mädchen zeigten auch ein Interesse an *Familie, Babys, häuslichen Aktivitäten* und *Kleidung* (Hervorhebungen, d. Verf.), was in den Zeichnungen der Jungen nicht auftauchte. Wenn sie gefragt wurden, was sie gemalt hätten, füllten die Mädchen ihre Zeichnungen, die Personen und Gegenstände interessanterweise mit Leben und Handlung: »Susie mit Rollschuhen, einschlafend« oder »ein Mann mit orangefarbenem Hemd, weißem Haar, wie Opa, er ist barfuß im Gras, weil es Sommer ist« usw. . . .

Die Jungen hingegen benannten gewöhnlich nur das leblose Objekt, und erwiesen sich als weniger sozial und weniger phantasievoll.

Pitcher verdeutlicht dies noch in einem anderen Text, in dem verschiedene Geschichten (360) von Mädchen und Jungen im Alter von zwei bis fünf Jahren analysiert werden. Diese Analyse ergab, daß Mädchen dazu tendieren, Menschen viel lebendiger und realistischer darzustellen und sich mit Persönlichkeiten und mit Erfahrungen von anderen zu identifizieren. Sehr häufig erzählten sie von direkten Konversationen, und Menschen wurden mehr individuell wahrgenommen und durch Namen charakterisiert.

Die Jungen sprechen andererseits signifikant häufiger von Dingen. Sie scheinen besonders fasziniert von Transportern, Maschinen usw.

Das Interesse von Mädchen an Dingen richtet sich auf persönliche und Haushaltsgegenstände oder auf die Natur, auf Blätter, Bäume und Blumen. Mädchen erwähnen auch häufiger Eltern, und drücken öfter Emotionen diesen gegenüber aus, besonders gegenüber der Mutter. Auch wenn der Junge stark auf Mutter und Vater reagiert, drückt er dies selten direkt aus.

Wir sehen also, dieses später so ausgeprägte größere Interesse von Frauen an Personen wird schon sehr früh produziert und verankert. Es muß jedoch immer wieder neu erzwungen werden. Denn die damit verbundene Abhängigkeit und Ausbeutung ist hoch.

Mit zunehmendem Alter wird die Umwelt des Mädchens nicht wie beim Jungen immer vielfältiger, variationsreicher, sondern es findet vielmehr eine immer perfekter werdende Einübung spezifisch »weiblicher« Fähigkeiten statt. Das Mädchen wird »ans Haus gebunden«, der Junge lebt »die Welt draußen«.

Zu diesen spezifisch »weiblichen« Eigenschaften werden sehr rasch spezifisch »weibliche« Fähigkeiten anerzogen, und schnell benutzt und ausgebeutet. So werden kleine Mädchen sehr schnell entwöhnt und früh zum selbständigen Essen, Anziehen sowie zur Sauberkeit angehalten. Eine Selbständigkeit, die eine Arbeitsentlastung für die Erziehungspersonen bedeutet. Kleine Mädchen lernen also sehr früh eine Art Selbstverantwortung und das Auf-sich-selbst-achten, nicht »bemuttert« werden.

Diese konkreten arbeitsentlastenden Fertigkeiten sind die Vorläufer der Tätigkeiten, die das kleine Mädchen im Vorschulalter, in der Mithilfe im Haushalt und oft auch bei der Geschwistererziehung praktizieren muß. So müssen sie, sobald sie selbständig essen können, nach der Übungszeit an den Puppen, z. B. oft ihre Geschwister füttern. Ebenso sieht es bei der Hausarbeit aus. Jungen hingegen dürfen eher ›Arbeit‹ machen. Von ihnen erwartet man keineswegs, daß sie früh selbständig essen, sich ankleiden oder sauberhalten können. Die Entwicklung ihrer Fähigkeiten ist nicht so gezielt auf rasche Arbeitsentlastung angelegt, sondern eher auf eine breitere Entfaltung verschiedener Fähigkeiten. Die Kanalisierung spezifisch »weiblicher« Fähigkeiten auf den Bereich Hausarbeit und Kindererziehung bedeutet eine Ausrichtung auf spezifische Dienstleistungstätigkeiten, entsprechend der späteren Alleinverantwortung der Frau für den Reproduktionsbereich und den »weiblichen« Tätigkeiten im Produktionsbereich. Diese Kanalisierung der spezifisch »weiblichen« Fähigkeiten findet sich wieder in dem geschlechtsspezifischen Spielzeug, dem geschlechtsspezifischen Konstruktionsmaterial. Die Ausbeutung dieser Fähigkeiten erweitert sich mit Beginn des Vorschulalters durch die konkrete Tätigkeit der Mädchen im Haushalt.

Diese »weiblichen« Fertigkeiten werden so früh eingeübt, daß sie zu »natürlich« anmutenden Reflexen werden (wie Puppenwieg-Reflex). Hinzu kommt, daß die kleinen Jungen systematisch von diesem Bereich ausgeschlossen werden und keinerlei Fertigkeiten erwerben können und müssen, so daß der Kontrast sehr stark ist. (Dafür sind Jungen viele andere Bereiche zugänglich, von denen Mädchen fast ganz ausgeschlossen werden.)

Wir sehen also hier wieder, daß es sich nicht um eine »Andersartigkeit« in der Erziehung handelt, sondern um eine gezielt angelegte stärkere Ausbeutbarkeit und eine auf den häuslichen Bereich oder »weibliche« Tätigkeit außer Haus reduzierte Umwelt.

Dieses so früh anerzogene »weibliche« Wesen mit den spezifischen Eigenschaften und Fähigkeiten wird im Vorschulalter verfestigt. Die bis zu diesem Alter erworbenen Eigenschaften und Fähigkeiten werden nun im größeren Zusammenhang gefordert und in die gesamte Existenz integriert. Im Vorschulalter werden neue geschlechtsspezifische Eigenschaften und Fähigkeiten erworben.

Zu Beginn des Vorschulalters verfügen kleine Mädchen und kleine Jungen bereits über eine Reihe unterschiedlicher Fähigkeiten, die im Laufe der Entwicklung im Vorschulalter zunehmend differenziert werden. Hierbei ist vor allem die geschlechtsspezifische Bedeutung von Rollenspiel, Bewegungs- und Konstruktionsspiel entscheidend. Hinzu kommt auch der Einfluß spezifischer Rollenmodelle durch die verschiedenen Medien, wie z. B. Bilderbuch, Fernsehen usw. Neu ist in diesem Alter die bereits erwähnte reale Ausnutzung der »weiblichen« Fertigkeiten durch die regelmäßige Mithilfe des Mädchens bei der Hausarbeit und Kindererziehung, von der die kleinen Jungen nahezu vollkommen verschont bleiben. Zu diesen realen Dienstleistungen kommt eine durch Rollenspiel verstärkt eingeübte Unterordnung des kleinen Mädchens unter den kleinen Jungen. So übernimmt sie in diesem Alter nicht nur in spielerischer Form die geschlechtsspezifischen Arbeitstätigkeiten und -funktionen, sondern auch die realen geschlechtsspezifischen Herrschaftsverhältnisse.

Die Trennung in »drinnen« und »draußen« verschärft sich. Die Konfrontation des Mädchen und Jungen mit ihrer Umwelt bestimmt wesentlich die Entwicklung ihrer Spielthemen. Da die Konfrontation der Mädchen mit der Umwelt reduziert ist, eingeengt und »drinnen«, können sie nur einen geringeren Teil im Spiel nachgestalten. Und auch im Sport werden »männliche« Kraft und »weibliche« Grazie systematisch gefördert.

Mädchen dürfen dabei bezeichnenderweise ab und zu mit Jungenspielzeug spielen, Jungenrollen übernehmen, Jungenkleidung tragen; Jungen dürfen jedoch auf keinen Fall Mädchenrollen annehmen. »Männliches« ist für Frauen ausnahmsweise erlaubt, aber »Weibliches« für Männer absolut verpönt.

Neben diese Erziehung durch die direkte Spiel- oder bereits beginnende Arbeitstätigkeit tritt im Vorschulalter auch der Einfluß der geschlechtsspezifischen Rollenmodelle durch die Medien. Gerade durch die Medien lernen die kleinen Mädchen und Jungen etwas über die Welt außerhalb ihrer unmittelbaren Erfahrung. Sie erfahren, was für Mädchen als richtig und was als falsch gilt, was die Umgebung von ihnen erwartet. Und sie lernen etwas über die Kriterien, die die Beziehungen der Erwachsenen bestimmen, etwas über männlich-weibliche Über- und Unterordnung und spezifisch »weibliche« und »männliche« Tätigkeiten. Wir haben gesehen, daß die geschlechtsspezifischen Rollenmodelle in den Medien noch rigider dargestellt werden als sie es in der Realität sind. D. h., die Medien sind nicht nur Spiegel der geschlechtsspezifischen Herrschaftsverhältnisse, sondern darüber hinaus Instrument zu ihrer Manipulation und Aufrechterhaltung.

Ausblick

Es stellt sich die Frage, was getan werden muß, um beim Kampf gegen Unterdrückung und Ausbeutung generell u. a. dieser spezifischen Unterdrückung der Frauen, der Herrschaft der Männer über die Frauen zu begegnen. Die Frage ist vielschichtig und verlangt Klärung auf mehreren Ebenen. Heute haben wir beim Kampf gegen die Unterdrückung der Frauen zwar eine Zielvorstellung, nämlich ihre radikale Befreiung von der Festlegung auf ihr sogenanntes »natürliches« Wesen, was einhergeht mit der Erschütterung des »männlichen Prinzips«, der patriarchalischen Normen und Wertvorstellungen. Doch wir haben noch keine umfassende Analyse und Theorie der geschlechtsspezifischen Unterdrückung und ihres Zusammenhangs mit der klassenspezifischen Unterdrückung und von daher auch noch keine endgültige Strategie. Unser praktisches Handeln muß unsere bisherigen theoretischen Ansätze überprüfen und weiterbilden.

Der Versuch einer theoretischen Klärung muß vor allem von der Tatsache ausgehen, daß biologische Unterschiede nicht Ursache für die spezifische Stellung der Frau in unserer Gesellschaft sind. Er muß reflektieren, daß es kein überhistorisches »natürliches« Wesen der Frau (des Mannes) gibt. Er muß davon ausgehen, daß alle heute vorfindbaren Unterschiede, die über die direkte Gebär- und Zeugungsfunktion hinausgehen, Resultat der geschlechtsspezifischen Funktionszuweisung und Arbeitsteilung im Produktions- und Reproduktionsbereich sind.

Rollenkritik allein genügt nicht, da sie die komplexe Einheit der materiellen und psychischen Grundlagen nicht berücksichtigt und so den Zugang zu den zugrundeliegenden objektiven Verhältnissen verhindert. Darum ist auch die Forderung nach einer anderen Erziehung – wenn nur sie gestellt wird – unzureichend, weil verkürzt. Es können keine von den objektiven, heutigen gesellschaftlichen Verhältnissen losgelöste pädagogische Konzepte zur befreienden Erziehung kleiner Mädchen (und Jungen) entwickelt werden, wenn nicht die konkreten gesellschaftlichen Verhältnisse, d. h. die geschlechts- und klassenspezifischen Herrschaftsverhältnisse (die unterschiedliche Formen von Herrschaft beinhalten) berücksichtigt werden.

Eine wichtige Voraussetzung ist der konkrete Beweis, daß es keine

»natürlichen« Unterschiede gibt, die eine auch nur irgendwie geartete geschlechtsspezifische Arbeitsteilung begründen. Dazu habe ich nur einen Beitrag von vielen notwendigen geleistet, eine Analyse der Grundmechanismen der Erziehung zur »Weiblichkeit«.

Dieser konkrete Beweis ist vor allem für uns Frauen selbst von Bedeutung. Nur so kann radikal bewußt werden, daß die gewohnte Arbeitsteilung zwischen den Geschlechtern die spezifischen Machtverhältnisse zur Ursache hat und nicht etwa einen »natürlichen« Unterschied. Das heißt, sie ist veränderbar.

Totale Aufhebung jeglicher geschlechtsspezifischen Arbeitsteilung und Funktionszuweisung in Produktions- wie Reproduktionsbereich ist die Hauptvoraussetzung für die Befreiung der Frauen. An dieser Zielvorstellung müssen die konkreten Schritte auf dem Weg zur Befreiung gemessen werden. Die Schritte dahin sind für Frauen aufgrund ihrer unterschiedlichen Betroffenheit verschieden, führen jedoch zu einem Ziel. Die realen Möglichkeiten der Frauen von bürgerlichen Männern zum Beispiel sehen anders aus als die der Frauen von Proletariern; die der »Nicht-Mutter« anders als die der Mutter; die der Erwerbstätigen anders als die der Nicht-Erwerbstätigen; die der beruflich Qualifizierten anders als die der Nicht-Qualifizierten; die der jungen anders als die der älteren Frau, die der lesbischen Frauen anders als die der heterosexuellen Frauen usw.

Was bedeutet das nun auf der Ebene der Kindererziehung unter besonderer Berücksichtigung des geschlechtsspezifischen Aspekts? Einmal wird sich die konkrete Erziehung der Geschlechter nur dann ändern, wenn sich auch die Realität der Geschlechter zu ändern beginnt. Zum anderen wird die Realität auch durch eine veränderte Erziehung beeinflußt. Dies ist ein dialektischer Prozeß, in dem wir die Realitäten, die die Inhalte der Erziehung bestimmen, nicht vergessen dürfen, aber auch die heute mögliche Bewußtwerdung und die Ansätze zur konkreten Veränderung in der Erziehung nicht unterschätzen dürfen.

Das beginnt mit uns, den Erwachsenen. Wir müssen unsere eigenen Einstellungen und Verhaltensweisen kritisch überprüfen, vor allem auch die unbewußten, geschlechtsspezifischen Verhaltensweisen (In den USA z. B. haben Frauen Fragebögen, die weitgehend alle gesellschaftlichen Bereiche von Frauenunterdrückung ansprechen, mit der Absicht, die Frauen zu sensibilisieren, entwickelt). Denn zuerst muß das geschlechtsspezifische Verhalten bei den Erzieherinnen (und Erziehern) in Frage gestellt werden. Das ist Voraussetzung. Wenn wir selbst beginnen, uns und die Verhältnisse, in denen wir leben, zu verändern, werden wir auch fähig sein, anders zu erziehen.

Erst wenn wir Frauen selbst z. B. gewillt und fähig sind, die spezifischen »weiblichen« Arbeiten in Frage zu stellen (privat und beruflich), werden wir auch Mädchen nicht mehr dazu erziehen. Wenn wir Alternativen entwickeln, werden wir sie auch den Mädchen anbieten und sie mit ihnen leben können.

Das Begreifen der Grundmechanismen der Entstehung »weiblichen« Verhaltens trägt dabei zu unserer Bewußtwerdung bei, die Voraussetzung für den Willen zum Widerstand und Kampf ist. Nur wir Frauen selbst sind Potential und Garant unserer Befreiung.

Konsequenzen für die Psychologie

Was das konkret in den verschiedenen Bereichen bedeutet, für die jeweilige Realität, müssen wir noch genauer bestimmen.

Auf der Ebene der Psychologie z. B. müssen wir aufzeigen, wie gerade diese Wissenschaft zur Legitimierung und Verschleierung der Unterdrückung der Frauen beiträgt. Es gilt aufzuzeigen, daß diese Wissenschaft nicht nur im Dienste des Kapitals steht, sondern auch in dem des Patriarchats.

Daß die Psychologie die Frage nach der gesellschaftlichen Verursachung der Geschlechtsunterschiede nicht radikal genug gestellt hat, liegt daran, daß ihre Beantwortung nicht im Interesse einer patriarchalischen Wissenschaft liegen kann. Wir müssen dies selbst tun und überprüfen, was überprüfbar ist.

Die vorliegenden Arbeitsergebnisse stellen erst einen Anfang in der radikalen Hinterfragung der tatsächlichen Ursachen der Geschlechtsunterschiede dar. Damit sind ihr aber gleichzeitig Grenzen gesetzt. Denn da die bisherigen Forschungsergebnisse in der Psychologie sich fast ausschließlich durch ihren patriarchalischen Ansatz »auszeichnen«, stehen nicht genügend Materialien zur Analyse dieses Bereiches zur Verfügung.

Außerdem werden Erhebungen dazu von offiziellen Stellen nicht gerade gefördert. Nur dem massiven Druck der Frauen in den entsprechenden Fakultäten einiger Universitäten ist es zuzuschreiben, daß neue Ergebnisse und nach und nach mehr Materialien vorliegen.

Neben dem gering vorhandenen empirischen Material besteht das Problem, daß viele Studien im Ausland erstellt wurden, die erst noch anhand neuer bundesdeutscher Erhebungen erschlossen werden müssen.

Aufgrund meiner Arbeit haben sich folgende Aspekte als dringend erforschungsbedürftig herausgestellt:

- intensive Beobachtung der Behandlung von Neugeborenen und Säuglingen hinsichtlich der Mechanismen zur Schaffung der sogenannten Kerneigenschaften, beginnend mit dem Moment der Geburt.
- Intensive Prüfung des Zeitraums, in dem Lewis, Goldberg und Kagan ihre Studien gemacht haben (vom sechsten Monat bis etwa dreizehnten Monat).
- Wie und in welchen Details werden die zentralen Unterschiede zwischen den Geschlechtern herausgebildet.
- Neben einer Analyse der direkten Umwelteinflüsse genauer untersuchen, wie diese psychisch verarbeitet werden und wie sie sich in der psychischen Struktur niederschlagen.
- den Einfluß von Vätern und männlichen Erziehern sowie die Maskulinisierungstendenz in der Kinderliteratur genauer bestimmen.
- Studien zur realen Arbeitsbelastung von Mädchen durch häusliche Tätigkeiten durchführen, um das Ausmaß und die Art der Tätigkeiten genauer zu erfassen.

Es wäre auch sehr wichtig, zu untersuchen, wie die konkrete Sozialisation der Sexualität des Mädchens und des Jungen verläuft, die gewiß mindestens ebenso tiefgreifend und folgenreich ist, wie die Konditionierung in den anderen Bereichen. Das Fehlen jeglichen Bewußtseins und die Ignoranz selbst vorhandenen Wissens gerade im sexuellen Bereich legt die folgenreiche Annahme nahe, daß die heute vorfindbaren Differenzen im sexuellen Verhalten der Geschlechter weitgehend Resultat »natürlicher« Unterschiede zwischen den Geschlechtern seien (was nicht der Fall ist – von »Natur« wäre Homosexualität ebenso selbstverständlich wie Heterosexualität oder Autosexualität!). »Weibliches« und »männliches« Verhalten in der Sexualität wirkt sich auch auf alle anderen Lebensbereiche der Geschlechter aus.

Ein ganz wichtiger und bisher total tabuisierter Aspekt ist die frühe sexuelle Ausbeutung von Mädchen. Analog zur Arbeit im Haushalt, werden Mädchen auch im Bereich der Sexualität schon früh mißbraucht – meist von nahen Verwandten und Bekannten, von Vätern und »guten« Onkeln. Hier wäre es ganz wichtig, das Schweigen zu brechen und die Systematik des sexuellen Mißbrauchs von Mädchen aufzuzeigen.

Auch umfassende Analysen der sexistischen Geschlechtsrollenmodelle in den verschiedenen Medien wären wichtig, um zu zeigen, wie durchgängig diese spezifische Unterdrückung der Frauen ist, in welchen Bereichen sie sich niederschlägt. In den USA haben die Frauen, die seit über zehn Jahren wieder aktiv kämpfen, auch auf diesem Gebiet schon einiges unternommen. So haben sie z. B. nicht nur Verzeichnisse mit sexistischer und nicht-sexistischer Literatur und umfassende Analysen der sexistischen Rollenmodelle zusammengestellt, sondern bereits selbst neue Kinderliteratur und Filme erstellt und mit Aktionen durchgesetzt, daß viele der sexistischen Bücher in den Schulen nicht mehr benutzt werden dürfen.

Zu weiteren Fragestellungen, die wissenschaftlich geprüft und verarbeitet werden müssen, werden wir vor allem auch kommen, wenn wir beginnen, unsere eigenen Erfahrungen – Versuche, uns neu zu orientieren, neue Verhaltensweisen zu entwickeln – systematisch aufarbeiten.

Konsequenzen für Erzieher(innen)

Was aber können und müssen wir als Erzieherinnen (und Erzieher) heute tun?

Es gibt zwei Ebenen der direkten geschlechtsspezifischen Erziehung. Die eine ist das bewußte zum »Mädchen« oder »Jungen« erziehen. Die andere die unbewußte unterschiedliche Konditionierung von Mädchen und Jungen.

Ich hoffe, ich habe klar gezeigt, daß diejenigen, die bewußt geschlechtsspezifisch erziehen, die die Frauen- und Männerrolle akzeptieren und meinen, es ist lediglich eine andersartige, jedoch gleichwertige Rolle, einer Lüge aufsitzen. Denn die weibliche Andersartigkeit wird an der männlichen Norm gemessen und beinhaltet immer eine reale Minderwertigkeit.

Was die progressiven Erzieherinnen (und Erzieher) angeht, die glauben, ihre oder die ihnen anvertrauten Kinder gleich zu erziehen – sie unbewußt jedoch ungleich behandeln und auch oft den massiven Einfluß der Umwelt unterschätzen–, so hoffe ich, sie mit diesem Buch mißtrauisch gemacht zu haben. Mißtrauisch vor allem auch sich selbst gegenüber: denn die unbewußte Ungleicherziehung hat ebenso schwerwiegende Folgen wie die bewußte.

Es beginnt mit den unterschiedlichen Kriterien, die Erzieherinnen (und Erzieher) für Kinder haben. Dazu ein Beispiel: Ist ein kleines Mädchen lebhaft, unruhig im Bett, wird es sicher eher beruhigt als ein kleiner Junge: Lebhaftigkeit paßt besser zu dem hergebrachten Geschlechtsrollenstereotyp vom kleinen Jungen als vom kleinen Mädchen.

Erwachsene, die sich kritisch beobachten, werden entdecken, in welchem Ausmaß sie selbst unbewußt zur Reproduktion der Geschlechtsrollenstereotype beitragen. Sie werden sehen, daß ihr alltägliches Verhalten weit den Rahmen, den ich mit meiner Arbeit ausfüllen konnte, übersteigt. Denn die hier beschriebenen Mechanismen sind nur die Spitze eines Eisberges.

Anknüpfend an die Resultate meines Buches will ich versuchen, kurz einige alternative Erziehungsmöglichkeiten zu zeigen:

Es beginnt mit dem Moment der Geburt, mit den ersten Lebenstagen und -wochen, in denen eine umfassende sensorische Stimulation sehr wichtig für die Entwicklung der intellektuellen, kognitiven und sozialen Fähigkeiten, für die Motorik und die gesamte Entwicklung des Kindes ist. Mangelnde sensorische Stimulation verhindert wichtige Erfahrungen, die für eine günstige Entwicklung erforderlich sind. Gerade in den ersten Lebenswochen und -monaten, in denen geschlechtsspezifische Stimulation die ersten Vorläufer der sogenannten Kerndifferenzen bewirkt, ist es wichtig, Mädchen umfassend sensorisch zu stimulieren, taktil, optisch, akustisch mit Neuem zu konfrontieren, ihre körperlichen Bewegungen, ihre Muskelaktivität zu fördern. Hier darf nicht länger das Fundament für die spätere körperliche Schwäche, für die Eingrenzung auf Personeninteresse gelegt werden.

Neben dem Kontakt zur Umwelt über die genannten sensorischen Reizeinwirkungen ist das Stillen das wichtigste Ereignis im Tagesablauf der Neugeborenen. Mehrmals täglich werden damit Erfahrungen von Akzeptiertwerden, des eigenen individuellen Rhythmus, der Autonomie oder von Unterwerfung unter einen fremden Willen gemacht. Gerade hier müssen wir die Autonomie der kleinen Mädchen respektieren und fördern. Wir müssen darauf achten, daß Mädchen nicht zu früh entwöhnt, nicht zu früh zur Sauberkeit erzogen werden. Beide, Mädchen und Jungen, müssen gleich behandelt werden, zur gleichen Zeit lernen, hierin selbständig zu werden, auch wenn beide damit weiter »Arbeit machen«.

Wir müssen auch sehr darauf achten, daß die Mädchen mit zunehmendem Alter in der allgemeinen Entwicklung zur größeren physischen Autonomie einen größeren Handlungs- und Bewegungsspielraum erhalten und in ihrer physischen und psychischen Eigenständigkeit gefördert werden. Dies bedeutet, daß sie nicht länger nahezu ausschließlich an Personen gebunden und in der Erziehung zur Objektumwelt eingeschränkt werden dürfen. Hier müssen kleine Mädchen neben der Erziehung zu sozialem Verhalten, zu Personen, ebenso bewußt zu Objektinteresse, zu individuellem Verhalten erzogen und gefördert werden.

Sehr bewußten Einfluß müssen wir auch auf die verschiedenen Spieltätigkeiten nehmen. Wir wissen, daß durch die gegenständliche Handlung, beim Konstruktionsspiel z. B. eine Vielfalt spezifischer Einsichten, Gesetzmäßigkeiten, spezifischer Materialien und der sachgerechte Umgang mit diesen gelernt wird. Hinzu kommt die damit verbundene Förderung spezifisch motorischer Fertigkeiten, willkürlicher Bewegungen. Es ist wichtig, massiv die traditionellen Vorstellungen zu durchbrechen und Mädchen umfassend gerade mit »jungenspezifischen« Materialien hantieren zu lassen und sie dazu aufzufordern (Umgekehrt bedeutet dies, Jungen massiv mit »mädchenspezifischen« Materialien zu konfrontieren). Dies alles ist wichtig, da sich mit dem Hantieren von Materialien die spezifischen Interessen bilden und dadurch das Psychische entscheidend geformt wird.

Bei den Rollenspielen müssen wir uns einmischen; wir dürfen nicht länger die weibliche Unterordnung zulassen, dürfen nicht länger unter Spielbedingungen die Jungen die männliche Herrschaft und Mädchen die weibliche Unterwerfung reproduzieren lassen. Sicher werden wir unser Eingreifen erklären müssen, es werden Interessengegensätze zwischen Mädchen und Jungen auftauchen, weil die Rollen in der Tat keineswegs gleich attraktiv sind.

Neben dem frühen Bewegungs- und Muskeltraining müssen kleine Mädchen intensiv auf physische Durchsetzungskraft trainiert werden. Es sollte auch Schluß gemacht werden mit der Trennung in spezifische Mädchen- und Jungensportspiele. Nur so könnten auch Frauen in die Lage versetzt werden, sich überhaupt körperlich zu wehren.

Und Mädchen dürfen nicht länger Väter und Brüder bedienen, wenn nicht Jungen auch Mütter und Schwestern bedienen.

Generell müssen wir im Kampf gegen die massiven geschlechtsspezifischen Umwelteinflüsse »männliches« bei Mädchen unterstützen und »weibliches« bei Jungen, denn nur so können wir ein annäherndes Gleichgewicht erreichen. Im Prinzip sollten kleine Mädchen im selben Ausmaß »Jungenspielzeug« bekommen wie Jungen »Mädchenspielzeug«. Mädchen und Jungen müssen gleichmäßig in »Mädchen-« und «Jungen«-eigenschaften und -fähigkeiten erzogen werden. Doch je nach dem Ausmaß bereits erfolgter geschlechtsspezifischer Konditionierung müssen entweder beide Kategorien gleichmäßig angeboten oder die eine oder andere mehr gefördert werden, oder es müssen bewußt bereits vorhandene geschlechtsspezifische Verhaltensweisen aufgebrochen werden.

In manchen Fällen wird sogar eine bewußte Trennung zwischen Mädchen und Jungen wichtig sein. Beide müssen die Möglichkeit erhalten, den jeweiligen Rückstand in spezifischen Fähigkeiten aufzuholen, ohne unter dem Druck des anderen Geschlechts zu stehen. So müssen z. B. Mädchen physische Stärke und auch handwerkliche und technische Fähigkeiten nachholen, in denen Jungen ab einem bestimmten Alter bereits einen großen Vorsprung haben. Ein gemeinsames Üben dieser Fertigkeiten, bei bereits bestehenden Unterschieden, würde die Unterlegenheit der Mädchen zeigen, zur gewohnten Hierarchie führen und so deren Aufbruch erschweren.

So wird es vor allem auch wichtig sein, gerade Mädchen gegen die schon früh einsetzende Dominanz der Jungen zu stützen, sie in die Lage zu versetzen, sich zu wehren und ihre Bedürfnisse und Interessen zu erkennen und durchzusetzen. Also sollten Mädchen – neben der notwendigen psychischen Durchsetzungskraft – auch lernen, sich physisch durchzusetzen. Dazu wäre beispielsweise Ringen ein sehr wichtiger Sport, durch den sie lernen könnten, sich gegen andere körperlich zu wehren und zu kämpfen. Zwar unter Spielbedingungen, doch mit dem Ziel, es auch außerhalb einer Spielsituation einsetzen zu können. (Hier ist übrigens auch die Kleiderfrage von großer Bedeutung. Die meisten weiblichen Kleidungsstücke hindern an freier Entfaltung der Bewegungen.) Dies alles und viel mehr ist heute dringend nötig für eine befreiende Erziehung von kleinen Mädchen. Kleine Jungen haben an diesen Veränderungen ein objektiv geringeres Interesse als Mädchen, denn sie profitieren ja bereits sehr früh von der geschlechtsspezifischen Arbeits- und Funktionsteilung. So ist auch hier Potential und Garant für reale Veränderungen der Machtverhältnisse das Mädchen selbst, seine Entwicklung und die Durchsetzung seiner eigenen Interessen. Denn Erziehung zur gleichen Befähigung der Geschlechter, Einsicht und Gewährenlassen von seiten des Stärkeren ist jederzeit zurücknehmbar.

Gleichzeitig mit den Veränderungen in der Erziehung müssen Frauen sich in allen Lebens- und Arbeitsbereichen gegen die spezifische Ausbeutung und Unterdrückung ihrer »Weiblichkeit« zur Wehr setzen (ohne darum die »männliche« Ausbeutung zu akzeptieren und sich in die »Männerwelt« zu integrieren. Sie müssen einen Weg finden, der weder die »Weiblichkeit« fortsetzt noch zur »Männlichkeit« führt.

All dies läuft allerdings den massiven Interessen der Männer entgegen. Denn sie profitieren von den bestehenden Verhältnissen im privaten wie auch im gesellschaftlichen Bereich. Darum kann die Befreiung der Frauen keine individuelle Angelegenheit sein. Die Durchgängigkeit der Frauenunterdrückung muß deutlich werden, damit wir Frauen sie gemeinsam bekämpfen und ein eigenständiger Machtfaktor werden können.

Denn nur eigene Macht kann uns Frauen und Mädchen frei machen.

Anmerkungen

Allgemein: den Begriff »Arbeit« verwende ich für all diejenigen Tätigkeiten, die auch durch Lohnarbeit verrichtet werden könnten.
Zum Begriff »Reproduktionsbereich«: er meint Sphäre der individuellen Reproduktion.

Vorwort

1 Money und Ehrhardt (1975).
2 Ebd. S. 119.
3 Ebd.

Einleitung

1 Dannhauer (1973), Garai und Scheinfeld (1968), Kagan (1964), Lehr (1972), Maccoby (1966), Mischel (1970) u.a.
2 z.B. bei Garai und Scheinfeld (1968) u.a.
3 Simone de Beauvoir (1973).
4 Engels, Bebel, Zetkin, Wittfogel, Thönessen, Menschik, Bölke u.a.

Kapitel 1

1 Michel, A., zitiert in Schwarzer (1975), S. 210.
2 Deutsche Gesellschaft für Ernährung e.V. Frankfurt/Main 1973.
3 Schwarzer (1975), S. 211.
4 Engels (MEW, Bd. 21), S. 158.
5 Michel, A.: Activité Professionelle de la Femme et Vie Conjugale, 1974. Diese Arbeit gibt einen sehr guten Überblick über die Auswirkungen der Berufstätigkeit der Frau in Ehe und Familie.
6 Zetkin (1957), S. 7.
7 Stefan, R. (1975), S. 55.
8 Die Arbeit von Renate Stefan ist m.E. eine der grundlegenden theoretischen Arbeiten zu diesem Problem.
9 Stefan, R. (1975), S. 56.
10 Ebd., S. 52.
11 Ebd., S. 53.
12 Ebd., S. 54.
13 Ebd.
14 Engels (MEW, Bd. 21), S. 155.
15 Ebd., S. 157.
16 Bebel (1973), S. 51.
17 Ebd., S. 180/81.
18 Ebd., S. 244.
19 Ebd., S. 321.
20 Marx (MEW, Bd. 3), S. 31.

21 Ebd., S. 31.
22 Ebd., S. 32.
23 Daß Körperkraft und -gewandtheit Resultat spezifischer Übungen und Tätigkeiten ist, das zeigen vor allem neuere Sportuntersuchungen.
24 Engels (MEW, Bd. 21), S. 53.
25 Gould Davis (1973), Sir Galahad (1975).
26 Godelier (1973), S. 50.
27 Stefan, M. (1975), S. 95.
28 Ebd.
29 Ebd., S. 96.
30 Vaerting (1974), Gould Davis (1973), Stefan, M. (1975), Graves (1957), Meelaart (1965 und 1967) u.a.
31 Kinder und Hilgemann (1964), S. 17 u. 23.
32 Bebel (1973), S. 51.
33 Vaerting (1974). Diese Arbeit ermöglicht es m.E. erstmals, die wirklichen Ursachen der wechselnden Stellung der Geschlechter in der Geschichte zu erkennen. Eine umfassende Weiterentwicklung stellt die Arbeit von Michael Stefan (1975) dar.
34 Vaerting (1974), S. 49.
35 Stefan, M. (1975), S. 23.
36 Mead, M. (1970).
37 Engels (MEW, Bd. 21), S. 157.
38 Ebd., S. 158.
39 Bebel (1973), S. 115.
40 Ebd., S. 520.
41 Ebd., S. 280.
42 Ebd., S. 54.
43 Vgl. »Die Märchenonkel der Frauenfrage: F. Engels und A. Bebel« Diese Schrift sensibilisiert mit konkreten Beispielen für den Sexismus bei den sozialistischen Klassikern der Frauenfrage.
44 Dannhauer (1973), S. 187; vgl. § 123, 2 im Gesetzbuch der Arbeit in der DDR: »Die Organe der Staatsmacht und die Betriebsleiter sind verpflichtet, alle Voraussetzungen zu schaffen, die den Frauen ermöglichen, am Arbeitsprozeß teilzunehmen, ihre schöpferischen Fähigkeiten zu entwickeln und *zugleich ihrer hohen gesellschaftlichen Aufgabe als Mutter gerecht zu werden.*« (Hervorh. U. S.).
45 Engeler, Ch. und Ramshorn, A. (1976), S. 4.
46 Ebd. S. 31.

Kapitel 2

1 Krjazev (1972), S. 37.
2 Platonov (1972), S. 61.
3 Ebd., S. 64 f.
4 eine ausführliche Darstellung in Stefan, R. (1975).
5 Leontjew (1973); Rubinstein (1961) u.a.
6 Leontjew (1973), S.281.
7 Ebd.
8 Ebd., S. 282/83.
9 Die Entwicklung verläuft nicht in Phasen oder Stadien. Diese Begriffe dienen hier nur der besseren Systematisierung der verschiedenen Materialien.
10 Wolf, F. O. (1975), S. 1.
11 Ebd.
12 Ebd., S. 2.
13 Ebd., S. 3.
14 Ebd., S. 4.
15 Ebd.

Kapitel 3

1 Eva Eckhoff, Jakob Gauslaa, zitiert in Dahlström, E. (1967), S. 64: Diese Studie untersuchte achtzehn Familien und beobachtete den Verlauf der Entwicklung ihrer Kinder über viele Jahre mit vielen Interviews und anderen Untersuchungsmethoden. Bevor die Kinder geboren wurden, wurden die Eltern befragt, wie sie beabsichtigten, ihre Kinder zu erziehen. Nach der Geburt wurden die Antworten der Eltern von Jungen und Mädchen verglichen. Es ergab sich kein signifikanter Unterschied in den Erziehungsideologien. Zu einem späteren Zeitpunkt jedoch konnten ziemlich große Differenzen im Erziehungsverhalten beobachtet werden. So wurden z.B. Mädchen im Durchschnitt nur drei Monate gestillt, Jungen hingegen sechs Monate. Diese Differenz ist so groß, daß ein Zufall unwahrscheinlich ist, trotz der geringen Anzahl von Familien.

2 In der Darstellung der einzelnen Entwicklungsstadien halte ich mich u.a. eng an die Ausführungen von Boshowitsch (1970).

3 Ourth und Brown (1961), Rashkis und Singer (1959), vgl. auch Casler (1965 und 1968).

4 Dieses Zitat befindet sich im Vorabdruck des Buches von Ursula Lehr: Die Rolle der Mutter in der Sozialisation des Kindes, auf Seite 41. Das modifizierte im Buch auf S. 37.

5 H. A. Moss (1970): »A sample of thirty first-born children and their mothers were studied by means of direct observations over the first 3 months of life. Two periods were studied during this 3-month-interval. Period one included a cluster of three observations made at weekly intervals during the first months of life in order to evaluate the initial adaptation of mother and infant to one another. Period two consisted of another cluster of three observations, made around 3 months of age when relatively stable patterns of behavior were likely to have been established. Each cluster included two 3-hour observations and one 8-hour observation. The 3-hour observations were made with the use of a keyboard that operates in conjunction with a 20-channel Esterline-Angus Event Recorder. Each of 30 keys represents a maternal or infant behavior, and when a key is depressed, it activates one or a combination of pens on the recorder, leaving a trace that shows the total duration of the observed behavior. This technique allows for a continuous record showing the total time and the sequence of behavior. For the 8-hour observation the same behaviors were studied but with the use of a modified time-sampling technique. The time-sampled units were one minute in length and the observer, using a stenciled form, placed a number opposite the appropriate behaviors to indicate their respective order of occurrence. Since each variable can be coded only once for each observational unit, a score of 480 is the maximum that can be received. The data to be presented in this paper are limited to the two-8-hour observations. The data obtained with the use of the keyboard will be dealt with elsewhere in terms of the sequencing of events.«

6 Evelyn Goodenough Pitcher in: Stacey, Béreaud und Daniels (1974), E. Thumm (1972).

7 Anne Oakley (1972), S. 173 f.

8 Lehr (1974), Casler (1965 und 1968).

9 L. Murphy (1962), S. 347.

10 Odette Brunet und Irène Lézine (1965) in Elena Gianini Belotti (1975).

11 Ebd., S. 22.

12 Ebd.

13 Ebd., S. 25.

14 Ebd., S. 26.

15 Ebd., S. 23.

16 Eckhoff, Gauslaa, zit. in Dahlström (1967).

17 Belotti (1975), S. 30.

18 Vgl. auch Lehr (1972), S. 913: »Andere Untersuchungen fanden außerdem, daß
    Mütter von Töchtern häufiger nach einem festen Zeitplan ihr Kind ernährten
    (und somit etwaige ›Eigenwilligkeit‹ des Kindes ›bestraften‹ und unterdrückten),
    Mütter von Söhnen hingegen die Methode des ›free-demanding-feeding‹ häufiger
    anwandten (und somit ›Eigenwilligkeit‹ belohnten und verstärkten).«
19 Belotti (1975), S. 30.
    Einige Zitate aus Belotti entsprechen nur sinngemäß der deutschen Aussage; sie
    sind eigene Übersetzungen aus der italienischen Ausgabe von 1973.
20 nach Boshowitsch (1970).
21 Wygotski, zit. nach Boshowitsch (1970), S. 143.
22 Figurin, ebd., S. 144.
23 Ebd.
24 Stschelowanow, ebd., S. 141.
25 Ebd.
26 Casler (1965), Irwin (1960).
27 Razran (1961), Jensen (1967).
28 Jensen (1967).
29 Casler (1968).
30 White, R. W. (1959).
31 Rauh (1974), zit. in: Lehr (1974).
32 Moss (1970).
33 Anne Oakley (1972), S. 174.
34 Moss (1970), S. 304.
35 Belotti (1975), S. 33.
36 Ebd., S. 34.
37 Ebd., S. 72.
38 Ebd., S. 73.
39 Garai und Scheinfeld (1968).
40 Ebd.
41 Goldberg, Lewis (1969).
42 Lewis, Kagan (1965).
43 Ebd.
44 Lewis (1972).
45 Ebd., S. 235.
46 Vgl. Boshowitsch (1970).
47 Kistjakowskaja, referiert in Boshowitsch (1970).
48 Ebd., S. 144.
49 Ebd.
50 Ebd., S. 147.
51 Ebd., S. 148.
52 Lehr, Vorabdruck.
53 Wygotski, ref. in Boshowitsch (1970).
54 Lechtmann-Abramowitsch, referiert in Elkonin (1971), S. 52.
55 Figurin und Denissowa, in ebd., S. 53.
56 Leontjew (1973), S. 415.
57 Dannhauer (1973), S. 118.
58 Ebd., S. 117.
59 Rubinstein in Dannhauer (1973), S. 93.
60 Bossard (1945), S. 230.
61 Goodenough Pitcher (1974) in Stacey, Béreaud und Daniels (1940).
62 Elkonin (1971).
63 Aksarina in Elkonin (1971), S. 59.
64 Boshowitsch (1970), S. 130.
65 Hansen (1965), S. 55.
66 Ebd., S. 56/57.

67 Hübsch und Reininger (1926), S. 171/172.
68 Hansen (1965), S. 56.
69 Elkonin (1971).
70 Belotti (1975) enthält eine detaillierte Darstellung der beiden Spiele.
71 Ebd., S. 83.
72 Döbler (1968), S. 140.
73 Ebd.
74 Ebd.
75 Ebd., S. 301.
76 Hübsch und Reininger (1926), S. 171.
77 Clauss und Hiebsch (1962).
78 Charlotte Bühler in Clauss und Hiebsch (1962), S. 162.
79 Ebd.
80 Dannhauer (1973).
81 Rüssel (1972) in: Handbuch der Entwicklungspsychologie, S. 511.
82 Goodman und Lever (1972) in Stacey, Béreaud und Daniels (1974).
83 Belotti (1975).
84 Goodman und Lever (1972).
85 Sears, Maccoby und Levin (1957).
86 Dannhauer (1973).
87 Friedrich Bergk (1964) in Otto (1970).
88 Harloff (1964) in Otto (1970), S. 194.
89 Ebd.

Kapitel 4

1 Weitzman u. a. (1972).
2 Sollwedel in Gmelin Saussure (1971).
3 Silbermann und Krüger (1971).
4 Gabriele Karsten (1977).
5 Weitzmann (1972).
6 Fisher in Stacey, Béreaud und Daniels (1974), S. 118.
7 Begleituntersuchung zur Fernsehserie »Sesamstraße« (1975).
8 Ebd., S.26.
9 Ebd.
10 Ebd., S.29.
11 Ebd.
12 Ebd., S. 30.
13 Bergman in Stacey, Béreaud und Daniels (1974).
14 Chombart de Lauwe (1972).
15 Michelle de Wilde (1972).

Kapitel 5

1 Goodenough Pitcher (1974).
2 Rocheblave-Spenlé in Michelle de Wilde (1972).
3 Sherriffs und Jarrett (1968).
4 Broverman u. a. (1970).
5 Michelle de Wilde (1972).
6 Dannhauer (1973).
7 Becker zitiert in Dannhauer (1973).
8 Goodenough Pitcher (1974).
9 Michel (1974).

10 Chombart de Lauwe (1963).
11 Gesell (1940); Carmichael 61954).
12 Dannhauer (1973).
13 Suton-Smith, Rosenberg und Morgan (1963).

Kapitel 6

1 Garai und Scheinfeld (1968).
2 Moss (1970).
3 Goldberg, Lewis und Kagan (1969).
4 Kagan und Lewis (1965).
5 Goodenough Pitcher (1974).

Literaturverzeichnis und Frauenbücher

Aberle, D. F. und Naegele, K. W.: Middle-class Father's occupational role and attitudes toward children, in: *Bell N. W.* und *Vogel E. F.* (Hg), A modern introduction to the family, London 1961

Adams, J. P., Adolescent personal problems as a function of age and sex. J. genet. Psychol. 1964, 104, S. 207–14.

Altrock, H. und *Karge, R. H.,* Schule und Leibeserziehung, Bd. II: Grundausbildung bei Jungen und Mädchen, Frankfurt/M. 1957

Arbeitskollektiv der Sozialistischen Frauen, Frauen gemeinsam sind stark, Frankfurt/M. 1972

Bachofen, J. J., Das Mutterrecht. Eine Auswahl, Frankfurt/M. 1975

Bardwick, J. M., Psychology of Women, New York 1971

–, und *Douvan, E.,* Ambivalences, The socialisation of women, in: *Gornick, V.,* und *Moran, B. K.* (Hg.), Women in sexist society 1972

Balint, M., Individual differences of behavior in early infancy, and an objective method for recording them: I. Approach and the method of recording, II. Results of conclusion, in: J. genet. Psychol. 1948, 73, S. 57–59 und S. 81–117

Barry, H., Bacon, M. K. und *Child, E. L.,* A cross-cultural survey of some sex differences in socialization, in: J. abnorm. soc. Psychol. 1957, 55, S. 327–32

Bartsch, J., Notwendigkeit und Bedeutung einer frauenspezifischen Therapie. Unveröffentl. Diplomarbeit, FU Berlin 1974

Baumert, G., Einige Beobachtungen zur Wandlung der familialen Stellung des Kindes in Deutschland, in: *Friedeburg, L. V.* (Hg.), Jugend in der modernen Gesellschaft, Köln/Berlin 1965

Bayley, N., Comparisons of mental and motor test scores for ages 1–15 months by sex, birth order, race, geographical location, and education of parents, in: Child Development, 1965, 36, S. 379–411

Beach, F. A., Sex and Behavior, New York 1965

Beauvoir, S. de., Das andere Geschlecht, Sitte und Sexus der Frau, Reinbek bei Hamburg 1973

Bebel, A., Die Frau und der Sozialismus, Berlin 1973

Belotti, E., G., Was geschieht mit kleinen Mädchen? München 1975

Benjamin, W., Über Kinder, Jugend und Erziehung, Frankfurt/M. 1969

Bergmann, J., Are little girls being harmed by Sesame street? in: And Jill came tumbling after: Sexism in American education. Hg. v. *Judith Stacey, Béraud, Susan* and *Daniels, Joan,* New York 1974, S. 110–115

Bernhard, J., Women and the Public interest, Chicago 1971

Biddle, J., and *T., E. J.* (Hrs.), Role theory, London 1966

Bönner, K. H. (Hg.), Die Geschlechterrolle, München 1973

Bookhagen, R., Frauenlohnarbeit – zur Kritik von Untersuchungen über die Lage erwerbstätiger Frauen in der BRD, Frankfurt/M. 1973

Borneman, E., Das Patriarchat, Frankfurt/M.; S. Fischer 1975

Borris, Maria, Die Benachteiligung der Mädchen in Schulen der Bundesrepublik, Frankfurt/M. 1972

Boserup, E., Woman's Role in Economic Development, London 1970

Boshowitsch, I. L., Die Persönlichkeit und ihre Entwicklung im Schulalter, Berlin 1970

Bossard, J., Family modes of expression, in: American Sociological Review 1945, Bd. 10, S. 226–237

Brandt, C. Kootz, J. Steppke, G., Zur Frauenfrage im Kapitalismus, Frankfurt/M. 1973

Brim, O. G., Family Structure and Sex Role Learning by Children, in: Bell, N. W./ Vogel E. F. (Hg.), A modern introduction to the Family, London 1961, S. 482–496

Brockmann, M., Geschlechtsspezifische Sozialisation in der Familie, Diplomarbeit, FU Berlin 1972

Bronfenbrenner, U., Wandel der amerikanischen Kindererziehung, in: *Friedeburg, L. V.* (Hg.), Jugend in der modernen Gesellschaft, Köln/Berlin 1965

Brovermann, I. D., u. a., Sex-role Stereotypes and Clinical Judgements of Mental Health, in: Journal of Consulting and Clinical Psychology 1970, Bd. 34, S. 1–7

–, Sex role stereotypes: A current appraisal, in: Journal of social issues, December 1972

Brown, D. G., Sex Role Preference in Young Children, in: Psychological Monographs 1956, Bd. 70 Nr. 14, S. 1–19

Bruce, J. A., The role of mothers in the social placement of daughters, in: Journal of marriage and the family, August 1974, S. 432–498

Brunet, O., und *Lezine, I.*, Le development psychologique de la première enfance, Paris 1971

Burgard, R., Wie Frauen »verrückt« gemacht werden, West-Berlin: Frauenselbstverlag 1977

–, *und Karsten, G.*, Die Entwicklung des jungen Mädchens (12–21 Jahre) in der deutschen und amerikanischen psychologischen Literatur, unveröffentlichte Vordiplomarbeit, Berlin 1974

–, Die Märchenonkel der Frauenfrage: Friedrich Engels und August Bebel, West-Berlin 1975

Casler, L., Maternal deprivation: A critical review of the literature, Monogr., SRCD, 1961, 26

–, The effects of extra tactile stimulation on a group of institutionalized infants, in: Genet. Psychol. Monogr., 1965, 17, S. 137–175

–, The effects of supplementary verbal stimulation on a group of institutionalized infants, in: J. Child Psychol. Psychiat. 1965, 6, S. 19–27

–, Perceptual deprivation in institutional settings, in: 6. Newton J. S. Levine (Hg.), Early experience and behavior, 1968, S. 573–626

Carlson and *Carlson:* Male and fermale subjekts in personality research, in: Journal of Abnorm. and Social Psychol. 1966, 61, S. 482–83

Carmichael (Hg.), Manual of Child development, New York 1954

Chesler, P. P., Frauen – das verrückte Geschlecht, Reinbek bei Hamburg 1974

Child, I. L., Potter, E. H. und *Levine, E. M.*, Children's textbooks and personality development: An explanation in the social psychology of education

Chodorow, N., Being and Doing. A cross-cultural examination of males and females, in: Gornick (Hg.), Women in sexist society, S. 259–291

Chombart de Lauwe, P. H. u. a. La femme dans la société, son image dans différents milieux sociaux, Centre national de la recherche scientifique, Paris 1963

Chombart de Lauwe, M. J., L'enfant et son image, in: l'école des parents, No. 3, S. 14

Clauss, G. und *Hiebsch, H.*, Kinderpsychologie, Berlin 1962

Clifton, M. A. und *Smith, H. M.*, Comparison of expressed selfconcepts of highly skilled males and females concerning motor performance, in: Percept. Motor Skills, 1963, 16, S. 199–201

Cobb, H. V., Role Wishes and General Wishes of Children and Adolescents, in: Child Development, 1954, Bd. 25, S. 161–171

Costa, M., D. James, S., Die Macht der Frauen und der Umsturz der Gesellschaft, Berlin 1973

Cottin, L. P., Down with sexist upbringing, in: The first MS. Reader, 1973, S. 162–72

Coulson, M., Magas, B., Wainwright, H., Hausfrau und Hausarbeit im Kapitalismus – eine Kritik, in: Die Internationale, August 1975

Dahlstrom, E. (Hg.), The changing roles of men and women, Duckworth 1967

Dannhauer, H., Geschlecht und Persönlichkeit, Berlin 1973

–, Untersuchungen zur geschlechtspsychologischen Differenzierung, in: Pädagogik, 2. Beiheft 1969

Dapper S. und Klinge, E., Deutsches Mädchenturnen, 1. Teil, Frankfurt/M. 1955

De Lucia, L. A., The toy-preference test: a measure of sex-role identification, in: Child Development, 1963–34, S. 107–17

Deutsch, H., Die Psychologie der Frau, 1948

Dick & Jane as victims – sex stereotyping in children's readers, Princeton, N. J. 1972

Devereux E. C., Bronfenbrenner, U., Suci, J., Zum Verhalten der Eltern in den Vereinigten Staaten und in der Bundesrepublik, in: Friedeburg, L. v. (Hg.), Jugend in der modernen Gesellschaft, Köln/Berlin 1965

Döbler, E. und Hugo, Kleine Spiele, Berlin 1968

Dorneif, A. und Romann-Knauss, K., Kritische Darstellung der psychoanalytischen Theorie über die Weiblichkeit, Unveröffentl. Vordiplomarbeit, FU Berlin 1975

Douglas, J. W. B. und Blomfield, J. M., Children under Fire? London 1958

Eggert, T., und Waidringer, M., Pädagogik der Gegenwart 802, Wien/München 1971

Ehrlich, C., The male sociologist's burden: the place of women in marriage and family texts, in: Journal of marriage and the family, August 1971, S. 427–487

Elkonin, D. B. und Saporoshez, A. W. (Hg.), Zur Psychologie der Persönlichkeit und Tätigkeit des Vorschulkindes, Berlin 1971

Elsner, C., Die Lage der Studentinnen. Unveröffentl. Vordiplomarbeit, FU Berlin 1975

Eltern, 51, 1974: Worin sich Jungen und Mädchen wirklich unterscheiden

Emmerich, W., Parental identification in young children, in: Genet. Psychol. Monogr. 1959, 60, S. 257–308

–, Family role concepts of children, ages six to ten, in: Biddle, (Hg.), Role Theory, 1966

Engeler, C. und Ramshorn, A., Eine Festschrift auf die marxistische Theorie der Weiblichkeit oder wie Dannhauer dem Weibe marxistisch seine ›natürliche Bestimmung‹ zurückerobert, West-Berlin: Frauenselbstverlag 1976

–, Zur Analyse des Reproduktionsbereiches oder ›Liebäh‹ als Bewußtseinsform, West-Berlin: Frauenselbstverlag 1976

Engels, F., Der Ursprung der Familie, des Privateigentums und des Staates, MEW Bd. 21

–, Herrn Eugen Dührings Umwälzung der Wissenschaft (»Anti-Dühring«), in: MEW Bd. 20

Epstein, C. F., Woman's Place; Options and limits in Professional Careers, London 1973

Farber, S. M.und Wilson, R. H. L., The potential of Women, San Francisco 1963

Fauls L. B. und Smith W. D., Sex-role learning of 5-year-olds, in: J. genet. Psychol. 1956, 89, S. 105–17

Firestone, S., Frauenbefreiung und sexuelle Revolution, Frankfurt/M.: Fischer Taschenbuch Verlag 1975

Fisher, C., Children's Books: the second sex, junior division in: Stacey, Béreaud u. Daniels, Sexism in American education, S. 116–122

Galahad, Sir, Mütter und Amazonen, Neuauflage Berlin 1976

Gander, D., Henzel, K. und Volz, H., Funktionelle Sexualstörungen der Frau. Unveröffentl. Vordiplomarbeit, FU Berlin 1976

Garai, J. E. und Scheinfeld, A., Sex differences in mental and behavioral traits, in: Genet Psychol. Monogr. 1968–77, S. 169–299

Gesell, A., u. a., The first 5 years of live, New York 1940

Grandke, A., (Hg.), Frau und Wissenschaft, Berlin 1968

Goldberg, S. u. *Lewis, M.*, Play behavior in the one-year old infant: early sex differences, in: Child development 1969, 40, S. 21–32

Godelier, M., Rationalität und Irrationalität in der Ökonomie, Frankfurt/M., 1972

–, Ökonomische Anthropologie, Untersuchungen zum Begriff der sozialen Struktur primitiver Gesellschaften, Hamburg 1973

Goodenough, E. W., Interest in person as an aspect of sex difference in early years, in: Genet psychol. Monogr., 1957, Bd. LV, S. 287–323

Goodenough, E. P., Male and female, in: *Stacey, Béreaud* und *Daniels*, Sexism in American education, S. 79–90

Gould Davis, E., The first sex, Baltimore, Maryland 1972

Graves, R., The Greek Myths, Vol. I, New York 1957

Guilbert, M., Les fonctions des femmes dans l'industrie, Paris 1966

Hageman-White, C. und *Wolff, R.*, Lebensumstände und Erziehung, Grundfragen der Sozialisationsforschung, Frankfurt/M. 1975

Hansen, W., Die Entwicklung des kindlichen Weltbildes, München 1965

Harrison, B. G., Unlearning the Lie, Sexism in School, New York 1974

Hartley, R. E., A developmental view of female sex-role definition and identification, Merril-Palmer Quart. 1964, 10, S. 3–16

Hartley, R., E. und *Hardesty, E. P.*, Children's perceptions of sex roles in childhood, in: J. genet. Psychol. 1964, 105, S. 43–51

–, und *Gorfein, D. S.*, Children's Perceptions and expressions of sex preference, in: Child Rev. 1962, 33, S. 221–27

Hartley, R., E. und *Klein, A.*, Sex-role concepts among elementar school-age-girls, in: Marriage and fam. Living 1959, 21, S. 59–64

Hartup, W. W. und *Moore, S. G.*, Avoidance of inappropriate sex-typing by young children, in: J. constut. Psych. 1963, 27, S. 467–73

Hattwick, L. A., Sex differences in behavior of nursery school children, in: Child development 1973, 8, S. 343–55

Hetherington, E. M., A developmental study of the effects of sex of the dominant parent on sex-role preference, identification, and imitation in children, in: J. Pers. soc. Psychol. 1965, 2, S. 188–94

Heymans, G., Die Psychologie der Frauen, Heidelberg 1910

Hiebsch, H., Sozialpsychologische Grundlage der Persönlichkeitsformung, Berlin 1971

Hill, W. F., Activity as an anatonomous drive, in: J. Comp. Physiol. Psychol. 1956, 49, S. 15–19

Holter, H., Sex roles and social structure, Oslo 1970

Holzkamp, K., Sinnliche Erkenntnis – Historischer Ursprung und gesellschaftliche Funktion der Wahrnehmung, Frankfurt/M. 1973

Honzik, M. P., Sex Differences in the Occurance of Materials in the Play-Constructions of Preadolescents, in: Child Development 1951, Bd. 15, S. 15–35

Horer, S. und *Socquet, J.*, La création étouffée, Paris 1973

Hörz, H., Die Frau als Persönlichkeit, Berlin 1968

Hübsch, L. und *Reininger, K.*, Zur Psychologie des Kinderspiels und der Geschlechtsunterschiede im Kindergartenalter, in: Zeitschrift für angewandte Psychologie, 1931, Bd. 40, S. 79–176

Hurlock, E., Die Entwicklung des Kindes, Weinheim 1970

Irwin, O. C., Infant speech: effect of systematic reading of stories, in: J. Speech Hear. Res. 1960, 3, S. 187–190

Jacobs, S. E., Women in Perspective. A Guide for Cross-Cultural Studies, Urbans 1974

Jacobs, C. und *Eaton, C.*, Sexism in the elementary school, in: Todays Education, Dec. 1972

Jensen, A. R., Learning in preschool years, in: Hartup, E. und Smothergill, N. (Hg.), The young child, 1967

Joffe, C., As the twig is bent, in: Stacey u. a., Sexism in American education, 1974, S. 91–109

Johnson, B. L., Children's reading interests as related to sex and grade in school, in: Sch. Rev. 1932, 40, S. 257–72

Johnson, M. M., Sex role learning in the nuclear family, in: Child Development 1963, 34, S. 319–33

Josselyn, J. M., Psychosocial development of Children, New York 1966

Kagan, J., Acquisitions and Significance of Sex Typing and Sex Role Identity, in: Hoffmann (Hg.), Review of Child Development Research, New York 1964, Bd. 1, S. 137–168

–, und *Freeman, M.,* Relation of childhood intelligence, maternal behaviors and social class to behavior during adolescence, in: Child Development 1963, 34, S. 899–911

–, und *Lemkin, J.,* The Child's differential perception of parental attributes, in: Journal of Abnormal and Social Psychology, 1960, Bd. 61, S. 440–447

–, und *Moss, H. A.,* Birth to Maturity, New York 1962

–, und *Hoskin, B., Watson, S.,* Child's Symbolic Conceptualization of Parents, in: Child Development 1961, Bd. 32, S. 625–636

Katowsky, W., Preston, A. und *Crandall, V. J.,* Parent's achievement attitudes and their behavior with their children in achievement situations, in: J. genet. Psychol. 1964, 104, S. 105–21

Karsten, G., Mariechens Weg ins Glück?. Die Diskriminierung von Mädchen in Grundschullesebüchern, West-Berlin, Frauenselbstverlag 1976

Kinder, H. und *Hilgemann, W.,* dtv-Atlas zur Weltgeschichte, München 1964

Koch, R., Berufstätigkeit der Mutter und Persönlichkeitsentwicklung des Kindes, Köln 1975

Kohlberg, L., A cognitive developmental analysis of children's sex role concepts and attitudes, in: Maccoby, E. E. (Hg.), The development of sex differences, Stanford 1966, S. 83–173

Kohn, M. L., Social Class and Parent Child Relationship, in: American Journal of Sociology, 1963, Bd. 68, S. 471–480

–, und *Carroll, E. E.,* Social class and the allocation of parental responsibility, in: Sociometry, 1960, 23, S. 378–392

Komarovsky, M., Cultural Contradictions and Sex Roles, in: Landis, J. T. und M. G., Readings in Marriage and the Family, New York 1952, S. 375–383

Krjazev, P. E.: Persönlichkeitsbildung als sozialer Prozeß, in: Die Persönlichkeit im Sozialismus, Sammlung Akademie Verlag, Berlin 1972

Krüger, H., Zur Wirksamkeit gesellschaftlich determinierter Leitbilder in der Familienerziehung, in: Pädagogik: Erziehung zur Gleichberechtigung, Beiheft 2, 1969, S. 34–55

Launer, H., Persönlichkeit: Entwicklung im Vorschulalter bei Spiel und Arbeit

Laws, J., A feminist review of marital adjustment literature, in: Journ. of Marriage and Family, 1971

Leontjew, A. N., Probleme der Entwicklung des Psychischen, Frankfurt/M. 1973

Lehr, U., Die Frau im Beruf – eine psychologische Analyse der weiblichen Berufsrolle, Frankfurt/M. 1969

–, Das Problem der Sozialisation geschlechtsspezifischer Verhaltensweisen, in: Handbuch der Sozialpsychologie, 1972, S. 886–954

–, Die Rolle der Mutter in der Sozialisation des Kindes, in: Praxis der Sozialpsychologie, Bd. 3, Darmstadt 1974

Lersch, Ph., Vom Wesen der Geschlechter, München 1947

Lewis, M., Parents and children: Sex role development, in: School Review, Feb. 1972, 80, S. 229–239

–, Mothers and fathers, girls and boys, in: *Mönks,* u. a. Attachment behavior in the one-year old

Linnér, B., Sex and Society in Sweden, New York 1972

Lochmann, R., Soziale Lage, Geschlechtsrolle und Schullaufbahn von Arbeitertöchtern, Weinheim/Basel 1974

Lynn, D. B., A Note on Sex Differences in the Development of Masculine and Feminine Identification, in: Psychological Review 1959, Bd. 66, S. 126–135

–, Curvilinear Relation between Cognitive Functioning and Distance of Child from Parent of the Same sex, in: Psychological Review 1969, Bd. 76, S. 236–340

–, Sex Differences in Identification Development, in: Sociometry 1961, Bd. 24, S. 237–383

–, Sex Role and Parental Identification, in: Child Development, 1962, Bd. 33, S. 555–564

–, und *Sawery, W. L.*, Sex differences in the personality development of Norwegian children, in: J. genet. Psychol. 1962, 101, S. 367–374

Maccoby, E. E., The Development of Sex Differences, Stanford 1966

–, und *Jacklin, C.*, The psychology of sex differences, Stanford 1974

–, und *Zöllner, M.*, Experiments in primary education, 1970

Marx. K., Das Kapital, Kritik der Politischen Ökonomie, MEW Bd. 23, Berlin 1958

–, und *Engels, F.*, Die deutsche Ideologie, in: MEW Bd. 3, Berlin 1958

Maurer, D. und *Stoeckert, C.*, Entwicklungstheorie und Frauenbild von S. Freud – Darstellung und Kritik, unveröffentl. Vordiplomarbeit, FU Berlin 1976

Mc Kee, P., und *Sheriffs, A. C.*, The differential evaluation of males and females, in: J. Pers. 1957, 25, S. 356–371

Mead, M., Jugend und Sexualität in primitiven Gesellschaften, 3 Bde., München 1970

–, Mann und Weib, Das Verhältnis der Geschlechter in einer sich wandelnden Welt, Hamburg 1958

Meelaart, J., Earliest Civilizations in the Near East, New York 1965

–, Catal Huyuk, New York 1967

Meltzer, H., Sex differences in children's attitudes to parents, in: J. genet. Psychol. 1943, 62, S. 311–326

Menschik, J., Gleichberechtigung oder Emanzipation? Frankfurt/M. 1971 (Fischer Taschenbuch, Bd. 6507)

Merfeld, M., Die Emanzipation der Frau in der sozialistischen Theorie und Praxis, Reinbek bei Hamburg 1972

Michel, A., Activité Professionelle de la femme et vie conjugale, Paris 1974

Milhoffer, P., Familie und Klasse, Ein Beitrag zu den politischen Konsequenzen familialer Sozialisation, Frankfurt/M.: Fischer Taschenbuch Verlag 1973

Millmann, M., Observations on sex role research, in: Journal of Marriage and the family, Vol. 33, 4. Nov. 1971

Minuchin, P., The schooling of tomorrow's women, in: School Review, Feb. 1972, S. 199–208

Mitscherlich – Nielsen, Neid und Emanzipation, Psychoanalytische Bemerkungen über den Feminismus, Manuskript Hess. Rundfunk, Frankfurt/M. 1975

Mischel, W., A Social-Learning View of Sex Differences in Behavior, in: Maccoby, E. E. (Hg.), The development of Sex Differences, Stanford 1966, S. 56–81

–, Sex-Typing and Socialization, in: Mussen, P. H., (Hg.), Manual of Child Psychology, Vol. 2, New York 1970, S. 3–72

Money, J. und *Erhardt, A.*, Männlich – Weiblich. Die Entstehung der Geschlechtsunterschiede, Hamburg 1975

Moers, M., Das weibliche Seelenleben, seine Entwicklung in Kindheit und Jugend, Dortmund 1948

Moss, H. A., Sex, age and state as determination of mother-infant interaction, in: Danziger, K., Readings in child socialization, 1970, S. 285–307, New York 1973

Müller, C., Die geschlechtsspezifische Sozialisation der Frau und die Auswirkungen auf ihre berufliche Situation, dargestellt an der Entwicklung typischer Frauenarbeitsplätze, unveröffentl. Diplomarbeit FU, Berlin 1974

Müller, L., Die Wertlosigkeit der Arbeit der Kinderaufzucht im Kapitalismus und ihre Folgen für das Bewußtsein der Frau, unveröffentl. Diplomarbeit, Berlin 1972

Murphy, L. B., The Widening World of Childhood in Basic Books, 1962

Mussen, P. H., Early sex-role Development, in: *Goslin, D. A.* (Hg.), Handbook of Socialization Theory and Research, Chicago 1969, S. 707–732

–, Some Antecedents and Consequents of Masculine Sex-typing in Adolescent Boys, Psychological Monographs 1961, Vol. 75, S. 1–24

–, *Conger, J. J.*, und *Kagan, J.*, Child Development and Personality, London 1963

–, and *Parker, A. L.*, Mother Nurturance and Girl's Incidental Imitative Learning, in: Journal of Personality and Social Psychology 1965, Bd. 2, S. 94 ff

Nave-Herz, R., Das Dilemma der Frau in unserer Gesellschaft: Der Anachronismus in den Rollenerwartungen, Berlin 1972

Neidhardt, F., Schichtspezifische Vater- und Mutterfunktionen im Sozialisationsprozeß, in: Soziale Welt 1965, H. 4

Nye, F. J. und *Hoffmann, L. W.* (Hg.), The Employed Mother in America, Chicago 1963

Oakley, A., Sex, Gender and Society, London 1972

Oetzel, R. M., Annotated Bibliography, in: Maccoby, E., The development of sex differences, Stanford 1966

Otto, K., Disziplin bei Mädchen und Jungen, Berlin 1970

Ourth, L. und *Brown, K. B.*, Inadequate mothering and disturbance in the neonatal period, Child Development 1961, 32, S. 287–295

Parsons, T., und *Bales, R. F.*, Family-Socialization and Interaction Process, London 1964

Pink, E. und *Strödel, C.*, Geschlechtsspezifische Probleme der Frau in der ambulanten Psychotherapie. Unveröffentl. Diplomarbeit, FU Berlin 1975

Pintler, M., Philips, W. R. und *SEARS, R. R.*, Sex differences in the projective doll play of preschool children, in: J. Psychol. 1946, 21, S. 73–80

Platonov, K. K., Die psychische Struktur der Persönlichkeit, in: Sammlung Akademie Verlag, Die Persönlichkeit im Sozialismus, Berlin 1972

Prokop, U., Weiblicher Lebenszusammenhang. Von der Beschränktheit der Strategien und der Unangemessenheit der Wünsche, Frankfurt/M. 1976

–, Sport und Emanzipation am Beispiel des Frauensportes, in: Nathan, A. (Hg.) Sport und Gesellschaft, Bern 1973

Rabban, M., Sex-role identification in young children in two diverse social groups, in: Genet. Psychol. Monographs, 1950, 42, S. 81–158

Ranke-Graves, R., von Griechische Mythologie, Quellen und Deutung, 2 Bde., Hamburg 1974

Rashkis, H. A. und *Singer, R. W.*, The psychology of schizophrenia, in: Arch. Gen. Psychiat. 1951, 1, S. 404–416

Rauh, H., Die Familie als Sozialisationsbedingung, unveröffentl. Manuskript, Funkkolleg 1974

Razran, G., The observable unconscious and the inferable conscious in current Soviet psychophysiology, in: Psychol. Rev. 1961, 68, S. 81–147

Reed, E., Is biology woman's destiny, New York 1974

–, Woman's evolution – from matriarchal clan to patriarchal family, New York 1975

Reitz, G., Einstellungen von Mädchen zur Rolle der Frau und ihre Schullaufbahn, München 1973 (Forschungsbericht Deutsches Jugendinstitut)

–, Die Rolle der Frau und die Lebensplanung der Mädchen, München 1974

Remplein, H. Die seelische Entwicklung des Menschen im Kindes- und Jugendalter, München/Basel 1963

Rocheblave-Spenlé, A. M., Les roles masculines et féminins, Paris

Rosenbaum, H., Familie und Gesellschaftsstruktur, Materialien zu den sozioökonomischen Bedingungen von Familienformen, Frankfurt/M.: Fischer Taschenbuch Verlag 1974

Rosenberg, B. G. und *Sutton-Smith, B.*, Family Interaction Effects on Masculinity-Feminity, in: Journal of Personality and Social Psychology 1968, Bd. 8, S. 117–120

Rothbart, M. und *Maccoby, E. E.*, Parents' differential Reactions to Sons and Daughters in: Journal of Personality and Social Psychology 1966, Bd. 4, S. 237–243

Rühle, Ch., Die Sozialisierung der Frau, Raubdruck, o. J.

Rühle-Gerstel, A., Die Frau und der Kapitalismus, Frankfurt/M. Nachdruck (Leipzig 1932)

Rüssel, A., Das Kinderspiel, München 1965

–, Spiel und Arbeit in der menschlichen Entwicklung, in: C. Graumann (Hg.), Hdb. d. Psychol. 1972, S. 7

Sandrom, J. C., The Psychology of Childhood and Adolescence, London 1966

Satory, E., Das neue Kindergartenbuch, Graz/Köln 1964

Schmidt, Schmerl u. a., Frauenfeindlichkeit, Sozialpsychologische Aspekte der Mysogynie, München 1973

Schoeppe, A., Sex Differences in Adolescent Socialisation, in: J. of Social Psych. 1953, 38, S. 175–185

Schrader-Klebert, K., Die kulturelle Revolution, in: Kursbuch 17, Juni 1969

Schulz, D., »Ein Mädchen ist fast so gut wie ein Junge . . .« Frauen gegen den Sexismus im Schulwesen, West-Berlin: Frauenselbstverlag 1977

Schwarzer, A., Der kleine Unterschied und seine großen Folgen. Frankfurt/M.: S. Fischer 1975 (Fischer Taschenbuch, Bd. 1805)

–, Frauenarbeit–Frauenbefreiung, Frankfurt/M. 1973

Sears, P. S., Child Rearing Factors Related to Playing Sex-Typed Roles in: American Psychologist 1953, Bd. 8, Abstract S. 431

–, Doll Play Aggression in Normal Young Children: Influence of Sex, Age, Sibling Status, Father's Absence, in: Psychological Monographs 1951, Bd. 65, S. 1–42

Sears, R. R., Comparison of Interviews with Questionnaires for Measuring Mother's Attitudes toward Sex and Aggression in: Journal of Personality and Social Psychology 1965, Bd. 2, S. 37

–, Development of Gender Role, in: Beach F. A. (Hg.), Sex and Behavior, New York/London/Sydney 1965

Rau, L. und *Alpert, R.*, Identification and Child Rearing, Stanford 1965

Seccombe, W., Hausfrau und Hausarbeit im Kapitalismus, in: Die Internationale, August 1975

Sesamstraße, Begleituntersuchung zur Fernsehserie, Hamburg 1975

Seward, Y. H. und *Williamson, R. C.*, Sex differences in changing society, New York 1970

Shainess, N., A psychiatrist's view, images of woman – past and present, overt and obscured, Morgan R.,(Hg.), in: sisterhood is powerful, New York 1970

Shargel, S. und *Kane, I.*, We can change it, annot. Bibliographie 1974 – Change for children

Sherriffs, A. C. und *Jarrett, R. F.*, Sex differences in attitudes about sex differences, in: J. of Psychol. 1953, 35, S. 161–168

Siegel, A. E., u. a. Dependence and independence in children of working mothers, in: Child Development 1959, 30, S. 533–546

Silbermann, A. und *Krüger, U. M.*, Abseits der Wirklichkeit: das Frauenbild in den deutschen Lesebüchern, Köln 1971

Singler, W., Kommt herbei zum großen Kreis, Bewegungsspiele für Vorschulkinder, Berlin 1969

Soft (Hg.), Frauenarbeit und technischer Wandel, Göttingen 1974

Sollwedel, I., Das Mädchen – Frauenbild in den Lesebüchern für Volksschulen, in: Gmelin/Saussure, Bankrott der Männerherrschaft, Frankfurt/M. 1971

Staiger, E., Zur Erfassung des Bewußtseins von Frauen über ihre gesellschaftliche

Situation; Kritik zweier Einstellungsuntersuchungen an Mädchen zur Rolle der Frau, unveröffentl. Diplomarbeit, FU Berlin 1975

Stefan, M., Frauenherrschaft–Männerherrschaft–Gleichberechtigung, Berlin 1975

Stefan, R., Hausfrauen und Mütter, die vergessenen Sklavinnen, Berlin 1975

Stacey, J., Béreaud, S. und *Daniels, J.,* Sexism in American Education, in: And Jill come Tumbling after, New York 1974

Sutton-Smith, B., Rosenberg, B. G. und *Morgan, E.-F.,* Development of sex differences in play choices during preadolescence, in: Child Development 1963, 34, S. 119–126

Tanner, M. und *Inhelder, B.,* (Hg.), Discussions on Child Development, Vol. III, London 1963

Taube, P., Liberating young children from sex roles, 1972

Terman, L. M. und *Tyler, L. E.,* Psychological sex differences, in: Carmichael, L., (Hg.), Manual of child Psychol., 1954

Thomson, G., Frühgeschichte Griechenlands und der Ägäis, Forschungen zur Altgriechischen Gesellschaft I., Berlin 1974

Thönessen, W., Frauenemanzipation, Politik und Literatur der deutschen Sozialdemokratie zur Frauenbewegung 1863–1933, Frankfurt/M. 1969

Thumm, Eckart, Einstellung der Eltern zur Rolle der Frau auf die Schullaufbahn der Töchter, München 1972 (Forschungsbericht Deutsches Jugendinstitut)

Tugarinov, V. P., Die Dialektik von Sozialem und Biologischem beim Menschen, in: Die Persönlichkeit im Sozialismus, Sammlung Akademie-Verlag Berlin

Uren, M. B., The image of woman in textbooks, in: Garnick, Women in sexist society, S. 318–328

Vaerting, M., Frauenstaat – Männerstaat zur Neubegründung der Psychologie der Geschlechter, Neuauflage, Berlin 1974

Vance, T. F. und *Mccall, L. T.,* Children's preferences among play materials as determined by the method of paired comparison of pictures, in: Child Development 1934, 5, S. 267–277

Vroegh, K., Masculinity and feminity in the preschool years, in: Child Development 1968, 39, S. 1253–1257

Weininger, O., Geschlecht und Charakter, Wien/Leipzig 1913

Weisstein, N., ›Kinder, Küche, Kirche‹, as scientific law, psychology constructs the female, in: Morgan R., (Hg.), sisterhood is powerful, New York 1970

Weitzmann, L., u. a., Sex role socialization in picture books for preschool children, in: Americ. Journ. of Sociology, May 1972

Werner, V. und *Voget, U.,* Theoretische Probleme der Frauenkriminalität. Über den Zusammenhang von sozialer Lage und Kriminalität der Frau, unveröffentl. Diplomarbeit, FU Berlin 1976

Wilde, M., de: Les steréotypes feminins, in: L'Ecole des Parents Nr. 7 Juli/Aug. 1972

White, R. W., Motivation reconsidered: The concept of competence, in: Psychol. Review, 1959, 66, S. 297–333

Wolf, F. O., Zum Problem des »Aneignungskonzepts«, unveröffentl. Manuskript, Berlin 1975

Zetkin, C., Ausgewählte Reden und Schriften, Bd. 1–3, Berlin 1957–60

Zinnecker, J., Emanzipation der Frau und Schulausbildung, Weinheim/Basel 1972

–, Sozialgeschichte der Mädchenbildung, Weinheim/Basel, 1973

Die Frau in der Gesellschaft

Band 3754

Band 3726

Band 4702

Elisabeth
Beck-Gernsheim

Das halbierte Leben
Männerwelt Beruf –
Frauenwelt Familie
Band 3713
**Vom Geburtenrück-
gang zur Neuen
Mütterlichkeit?**
Band 3754

Susan Brownmiller

Gegen unseren Willen
Vergewaltigung und
Männerherrschaft
Band 3712
Weiblichkeit
Band 4703

Richard Fester/
Marie E. P. König/
Doris F. Jonas/
A. David Jonas
Weib und Macht
Fünf Millionen Jahre
Urgeschichte der Frau
Band 3716

Shulamith Firestone
**Frauenbefreiung und
sexuelle Revolution**
Band 4701

Frauengruppe
Faschismusforschung:
**Mutterkreuz und
Arbeitsbuch**
Zur Geschichte der
Frauen in der Weimarer
Republik und im
Nationalsozialismus
Band 3718

Signe Hammer
Töchter und Mütter
Über die Schwierig-
keiten einer Beziehung
Band 3705

Marielouise
Janssen-Jurreit
Sexismus
Über die Abtreibung
der Frauenfrage
Band 3704

Jean Baker Miller
**Die Stärke
weiblicher Schwäche**
Band 3709

Erin Pizzey
Schrei leise
Mißhandlung
in der Familie
Band 3404

Penelope Shuttle/
Peter Redgrove
**Die weise Wunde
Menstruation**
Band 3728

Gerda Szepansky
**»Blitzmädel«,
»Heldenmutter«,
»Kriegerwitwe«**
Frauenleben im
Zweiten Weltkrieg
Band 3700

Fischer Taschenbuch Verlag

Die Frau in der Gesellschaft

Band 3769

Band 3770

Band 3745

Gerhard Amendt
Die bevormundete Frau
oder Die Macht der
Frauenärzte
Band 3769

Hansjürgen Blinn (Hg.)
Emanzipation und
Literatur
Texte zur Diskussion –
Ein Frauen-Lesebuch
Band 3747

Colette Dowling
Der Cinderella-Komplex
Die heimliche Angst
der Frauen vor der
Unabhängigkeit
Band 3068

Marianne Grabrucker
»Typisch Mädchen...«
Prägung in den ersten
drei Lebensjahren
Band 3770

Astrid Matthiae
Vom pfiffigen Peter
und der faden Anna
Zum kleinen Unterschied
im Bilderbuch
Band 3768

Ursula Scheu
Wir werden nicht als
Mädchen geboren – wir
werden dazu gemacht
Zur frühkindlichen
Erziehung in unserer
Gesellschaft
Band 1857

Alice Schwarzer
Der »kleine« Unter-
schied und seine
großen Folgen
Frauen über sich –
Beginn einer Befreiung
Band 1805

Dale Spender
Frauen kommen
nicht vor
Sexismus im
Bildungswesen
Band 3764

Karin Spielhofer
Sanfte Ausbeutung
Lieben zwischen
Mutter und Kind
Band 3759

Senta Trömel-Plötz
Frauensprache –
Sprache der
Veränderung
Band 3725

Senta Trömel-
Plötz (Hg.)
Gewalt durch Sprache
Die Vergewaltigung von
Frauen in Gesprächen
Band 3745

Hedi Wyss
Das rosarote
Mädchenbuch
Ermutigung zu einem
neuen Bewußtsein
Band 1763

fi 15/4

Fischer Taschenbuch Verlag

Die Frau in der Gesellschaft

Band 3761

Band 3756

Band 3739

Ann Cornelisen
Frauen im Schatten
Leben in einem
süditalienischen Dorf
Band 3401

Gaby Franger
**Wir haben es uns
anders vorgestellt**
Türkische Frauen
in der Bundesrepublik
Band 3753

Marliese Fuhrmann
Zeit der Brennessel
Geschichte einer
Kindheit. Band 3777
Hexenringe
Dialog mit dem Vater
Band 3790

Imme de Haen
**»Aber die Jüngste war
die Allerschönste«**
Schwesternerfahrungen
und weibliche Rolle
Band 3744

Helga Häsing
**Mutter hat
einen Freund**
Alleinerziehende
Frauen berichten
Band 3742

Helena Klostermann
**Alter als
Herausforderung**
Frauen über
sechzig erzählen
Band 3751

Marianne Meinhold/
Andrea Kunsemüller
**Von der Lust
am Älterwerden**
Frauen nach der
midlife crisis
Band 3702

Jutta Menschik
Ein Stück von mir
Mütter erzählen
Band 3756

Irmhild Richter-Dridi
**Frauenbefreiung in
einem islamischen
Land –
ein Widerspruch?**
Das Beispiel Tunesien
Band 3717

Erika Schilling
**Manchmal hasse
ich meine Mutter**
Gespräche mit Frauen
Band 3749

Marianne Schmitt (Hg.)
Fliegende Hitze
Band 3703

Inge Stolten (Hg.)
**Der Hunger
nach Erfahrung**
Frauen nach 1945
Band 3740

Irmgard Weyrather
**»Ich bin noch aus dem
vorigen Jahrhundert«**
Frauenleben zwischen
Kaiserreich und
Wirtschaftswunder
Band 3763

Fischer Taschenbuch Verlag